JN412739

해로운 건 눈물로 씻었다

해로운 건 눈물로 씻었다

지역문학총서 49

초판 1쇄 발행 2025년 12월 16일

지은이 정유미
펴낸이 강수걸
편집 강나래 오해은 이선화 이소영 이혜정 유정의 한수예
디자인 권문경 조은비
펴낸곳 산지니
등록 2005년 2월 7일 제333-3370002510002005000001호
주소 부산시 해운대구 수영강변대로 140 BCC 626호
전화 051-504-7070 | 팩스 051-507-7543
홈페이지 www.sanzinibook.com
전자우편 sanzini@sanzinibook.com
블로그 http://sanzinibook.tistory.com

ⓒ정유미
ISBN 979-11-6861-551-9 03810

＊ 이 시집은 한국예술인복지재단의 예술활동준비금(구,창작준비금)을
지원 받아 제작되었습니다.

산지니시인선 030

해로운 건 눈물로 씻었다

정유미 시집

산지니

시인의 말 하나

멀리도 울었다
내가 배춧잎이었을 때는 소리 없이 비에
흠뻑 자랄 뿐이었지만
꿈이라 울었다
끈덕끈덕 7, 8월 끝났다.

차례

제1부

우수

얼마나 걸어야
얼마나 젖어야

불 끄고 공원에 차 세워 빗소리

내 못하는 일 잘도 해내는
비야 뻥 뻥
일자로 십자로

일억 일만 씻기는 비야
귀 파는 비야.

카페 고도 520

앉는다 너는
들썩
버틴다 너는
들썩
바닥 엉덩이
제발
닥치고! 붙이고!

카페 고도 520 흰 수염 고양이는 구석 작업실
눈 뜨자 엉덩이 붙는다
물고기 날리고 마당 연못에 별 푼다

카페 고도 520 도자기 빚는 고양이는 앞치마에 청바지
내가 갔을 때는 장독 뚜껑이 으 뜨건 오후

그는 정신이 있고 그는 삼십 년 기술
하루도 거르지 않는다.

노란 잠수함

엄마가 부르면 따라 부른 조미미
바다가 육지라 굴리기 좋았다
학교 가면 박인희
나를 두고 저만치 끝이 없는
남동생 죽고 버스 타는 중1
산은 도망치는 산 강만 보고 걸었다
할 말 있어도 할 말 없어도
노래하면 잊혔다
대구 밤고개 기타학원 노총각 샘
코드 짚다 플랫 위 내 손가락 짚고
내 님의 사랑은 외로움도 깊어라 끝에 가서 꼭 한
숨 쉬었다
졸업하고 경리 보던 지하 경양식 노란잠수함
노랑 잠망경에 폭 빠진 소파
노래 베끼다 시 베꼈다
글자들은 간질댔다 사랑은 쿡 쓰렸다
그래 나는
소리 질러 소리쳐

날 앗아가.

우리 나비, 인자 다 울었나?

　건축설계도면 보따리 들고 협회 갔다가
　사무실 올라가기 싫어 버스 승강장 옆 '이고지고
서점'에 갔다
　눈높이 꽂힌 『참을 수 없는 존재의 가벼움』
　좀 있어 보여서
　남들 보게 끼고 다니다 잃어버린 스무 살

　한 달 꼬박 월급 털어 대구백화점 참을 수 없는 겉
장 책장 누리끼리 단발머리 쓸어올려 감색 원피스
『나는 야한 여자가 좋다』 야리꾸리하다더니
　슬퍼라
　덮었다

　숨이 안 쉬어져 딱풀 사러 갔다가
　눈높이 꽂힌 게
　펼친 게 하필 나비
　'나비는 가비야운 것이 美다' 화장실 문에나 붙이자
　베끼면 잊힐까 빛이 들까

청소하고 협회 가는 심부름 빼곤 일없던 책상머리
그 짓
알고 보니 필사였다는데

오란 데 없어도 갈 데 많은 스무 살은 돈 없고 고마
우신 아버지,
대학도 애인도 그림의 떡이었구나

그때 시내버스 펼쳐 든 시집은 죄다 『홀로서기』였다
난 별로
남들 좋은 게 뭐가 좋다고

참을 수 없는 졸음 유리창 기대
일에서나 길에서나 마음의 혼란에서나 박차고 뛰
쳐 달아나고 싶던

몰라 몰라 요놈 시.

아침 달

아침달 출판사가
지나는 시 한 줄 꿍꿍 파내어
떤진다
아침이 빵꾸가
아니 혹이
크나큰

이러한 달을 건네는
아침달 출판사가
지나는 머리카락 한 올 지잉
땡긴다
밤이 솟았는데
혹인가 했더니 비집는
달

고것이 걷고
튀어 오르고
무릇 달은

각색 이마를 쏜다.

시 짓기

내가 내하고 노는
그런 날 내 친구는 내
못난 얼굴 실눈 본다
살짝 떠본다
깜짝이야 고슴도치
앙다문 귀 얇은 입
꼭꼭
꾹꾹.

알라딘 문고

요술램프 지하 헌책방
귀퉁이 헐렁한 시집 코너 둘러보다
문지나 창비에서 나온 건 없나요
낯빛 뽀오얀 직원에게 묻는다
문제집은 저쪽에 있고
참고서는 건너편에 있다며
따라오라는데

다디단 시집 하나 못 건지고
터덜터덜

소설은 신간도 금방인데 시집이 없다는 건
질리지 않는 치아바타
씹을수록 고소한 빵
한 번 꽂히면 잊지 못한다는
평생을 파먹을 파니니

팔지 않을 시를 써야지

팔려 가지 않을 시를 쓸 거야

수리수리

알라딘.

로즈 와일리

현재 86세

1934년 영국 켄트 출신

20살에 결혼

20년간 전업주부로 지내다가

40살에 미술 공부

75살에 데뷔

76살에 영국서 가장 핫한 신진 작가로 뽑히고 세계 3대 갤러리 데이비드 즈워너 전속작가로 등극

80살에 화가에게 주어지는 가장 영예로운 상

존 무어상을 받았다

난 처음에 난 줄 알았다니깐!

엘승 타사르해

어디 있노 어디 있노
언덕 올라가는 바람이 묻습니다

정 주지 않는 눈 낙타는
모래에서 모래 묵묵히
묵묵 걸어갑니다

걸터앉은 살진 엉덩이 미안했습니다
착한 사람이 못 돼 죄송했습니다

하늘이 먹구름 채우더니
빗방울 듣더니

유목민 아이 채찍 휘둘러 소나기 쏟아지고
낙타는 내린 자리 털썩
그리움인지 언덕인지
끔벅끔벅

어디 있노 어디 있노.

오베라는 남자*

나는 흑백 당신은 색깔
당신은 내가 아는 색깔의 전부

며칠 전 옆집에 이사 온 파르바네 가족
호미 있어요? 쿠키 드세요!
아내 떠난 등허리 일으킨다

아침이 싫은 나는 고장 난 밥통
양 미간 찌푸린 비틀걸음 아내 무덤 오간 일 년
따라가기 바랬는데

꼬맹이 등쌀 귀찮아, 좋아
일어나 볼까!
기지개 쭉 연장통 자전거 올려 동네 한 바퀴 울타
리 고치고 길고양이 밥, 놀이터 지나가는데
"오베한테 놀러 가자"

입맛 도는 소리

페달 힘껏!

소냐 떠나고
감히 누가 물으면 말했지
난 여자가 있다
지금 집에 없다.

* 영화 <오베라는 남자>, 감독 하네스 홀름,
스웨덴, 2016.

그려라 목요일

서른하고 마흔은
방바닥 지고 도는 시계 같아서
시간아 가라 어서
오십 먹던 삼월에 학교 갔다
목요일 아침 7시 50분 합천시외버스터미널 졸고
뜨고 마산 경남대 평생교육원 시 창작 첫날 첫 시간

자기를 그리는 게 시
자기가 없는데 무슨 시?
꾹꾹 눌러 덮은 덧칠 노트 거울 앞에 앉혀
벗긴다 살살 뻘건 입 퍼런 눈두덩
앉을 때마다 조금조금
니 맞나 니 맞나

누군 꽃 그리나 새 그리나 멀리까지 그리나
나는 내 그린다
내 잘 그리러 간다.

남정강 갈마산

뭐 좀 괜찮긴 했지
톡 쏘는 입 칼칼 허리 강가 맴돌던 허벅지 바람
잠깐이더군, 무릎 말야
쪽 곧은 종아리
그
그
빠그작하더니
꺾였어

뻐기던 머리카락 자르고 갈마산 갔지
배낭에 연필 눈뜨면 오른 산
찐득하던 핏줄이
콸
콸
콸.

자꾸 어딘가 누르는

카페는 빨간 날 두 시에 붐빈다
평일 열두 시 반이 휴일 두 시라는 사실
관찰력이든 관심법이든 밑을 못 보니
저 혼자 빠지는 개펄

짱뚱어 속성을 가진 내가 뻘짓 마! 하면
웃기시네!
자를 대고 한 자 두 자
사정거리 반경 안은 너의 글자로 도배되었습니다

꿈이 대서빵입니까?
이름 밑에 끼어든 목소리, 겹친 목젖에는 파릇파릇
이 없습니다
군침 새침이 없습니다
달지도 궁금하지도 않은 포개진 노트와 넘기고 싶
지 않은 손가락

카페는 쉬는 날이 안심입니다

누구 오지 말았으면 하고 커피를 잠급니다
시월 다 가도록 줄장미 푸르고
혼자 치는 북과 여럿이 치는 벽을
생각합니다.

경계선*

다르게 생겼다고 못생겼다고
손가락질 수군대는 출입국 세관 직원 티나는 특급
후각
수치 분노 불안 맡는다

어떤 날은 밀수 어떤 날은 소아성애 포르노
땀방울 역겨우면 알아채는 티나는 입국 검색대, 보
레 만났다
같은 냄새 얼굴, 당신 누굽니까?
여행자, 이름 대신 여행자라는 대답

그날 이후 티나는 보레
달리고 달리는 보레
꼬리뼈 자리에 흉터 티나는 생각나면 사랑하는 티
나 떠나고 싶은 티나는

애벌레 먹고 비 오는 연못 빨며
보레, 나는 누굽니까?

트롤, 암수한몸에 꼬리 달린 숲
망설임 없는 거울이 대답해 주었다

넌 처음부터 완벽해
아름다워

거울은 사실이었고 진실을 알게 된 티나
비를 웅크리지 않는다

주룩주룩에 맡긴다
꿈틀꿈틀에 안긴다

트롤이 있다 세상과 숲 사이에.

* 영화 <경계선>, 감독 알리 아바시, 스웨덴, 2019.

날씨를 쓰지 말고 비를 살아라

지금을 쓰란 거죠? 딴소리 말고
근데 저 여기가 어딘지 모르겠어요
로터리가 빙빙 CU 세워 물어볼까
새마을금고 우체국 읍사무소
누구지 누구였더라
이 손 이 브레이크 이 이 악셀
브레이크는 오른 왼
아 밟은 발이 브레이크지
생각났습니다
주유소 가던 길이었어요
기름이 하루는 뚝 떨어져 도로 위에 섰어요
큰길이었으면 아악
구급차 두 대 버스가 한 대 승용차 줄줄줄
구름이 바람이 멈춰요
나 어디 여긴 누구
지금은 써질까요.

제2부

뚱뚱한 말

살 바라 살 으와
걸어가는데

푸짐하네 푸짐
지나가는데

허벅지 줄까
젖통 깔까

물크렁 선인장
푹푹 하수구.

내 사랑

어디 가서 호구 잡히지 마라
헤어지던 날 남자친구가 말했다 저녁도 아닌데 커튼이 나른했다
구석탱이 주름이 너 호구 맞거든
뺨을 꼬집었다

찔끔찔끔 컵라면 젓가락 감고 유튜브에서 호구짓하는 사람에 대해 듣는다
그래 젓가락 풀어 국어사전 누른다 호구, 호랑이 아가리에 제 발로 들어가는
내 사랑은 호랑이 아가리

쫓아오지 마! 말하자 그는 맹렬히 날 쫓기 시작했다
뒤집힌 눈 턱턱 숨소리
짠해서 다리 하나 떼주고
눈알 뽑아 상 차려
두 손

지그시 감춘 혓바닥을 나는 잘 모르고
입 안 떼도 입만 떼도
원하면 군말 없는 절름발이
외눈박이

오구오구
당신의 배는 언제까지 채워지지 않겠다.

블라인드*

"왜 떠났어?"
"네가 눈을 떴으니까."

  냄새 따라 소리 따라 더듬
  더듬이 나에게 자작나무 숲 달려 겨울 아침 책 읽
어주러 왔다
  알비노병 흉측한 몰골로 불리는 마리
  기품 있는 목소리

  거울이란 거울 없었으면 비추는 건 전부 깨졌으면
얼굴 몸통이 덜거덕거려요 흰 눈썹 머리칼 엄마가
던진 멍투성이 흉투성이 사랑할 수 없어
  녹색 눈 붉은 입술을 만났습니다 손으로 뚫어보는
  못 보고 다 보는 루벤
  웃었습니다
  연못 비단잉어 부비덕 부비덕
  울었습니다
  눈 뜨지 않기 바랐습니다

떠났습니다

본다는 건 뭘까?
내가 다시 눈을 떴을 때 만질 수 없는 마리라니
마리

정원으로 나온 루벤
얼음송곳에 눈을
꽂고 있다.

* 영화 <블라인드>, 감독 타마르 반 덴 도프,
네덜란드, 2021.

삼월

부엌에 쑥

누가 주던교
내가 뜯었다

어데서 데려왔어예?
요 앞 뚝에

살째기 하지예
안 아프거로 했다.

숨바꼭질

삐거럭 삐거럭
하루도 평평하면 안 되지
덜거럭 덜거럭
하루도 얌전하면 안 되지

삐거럭 삐거럭 맞춰보자
덜거럭 덜거럭 섞어보자

어디고?
걱정돼!

그만해라?
미안해!

자나?
사랑해!

못 찾겠다 찾았다

쏙 들어갔다 쑥 나왔다.

동안거

일기라면 좀 그렇지만 가파른 날씨 잡으러 식단 조
절 들어간다
아침에 그러모은 마음 오밤중에 타파!
신라면 젓가락 냄비째 드는데 EBS 〈가만히 10분
멍〉
소리는 사라지고 TV가 묵상에 든다
도리깨 텅 두드린다
뒤튼다
뒤틀
물러서면 땡기는 냉장고 식도염
채널 뒤적 상월선원 하루 한 끼 열네 시간 묵언정진

이 자리 말라버려도 좋다
가죽 살 뼈 녹아버려도 좋다

화면 속 걸어 천막 법당 아홉 스님 전
먹은 죄
먹은 죄.

아파트 달

해넘이 삼가터널 빠져나오던 길
덜커덕

고양이었을까
하얗게 질린 갓길 바퀴 살폈다
없었다

잠 안 와서 옥상 달 한 대
아무도 없다고 생각했는데, 깜짝이야
쪼그렸던 구석이
내려가고

아침 출근길 화단에 쏟아진 고양이
둘러 새끼 고양이 미야옹 미야옹

경비아저씨가 새끼 안아
옥상 보고
CCTV 보고.

69세*

할머니라 아주머니라 불리기도 그런
그런 내 나이 예순아홉
스물아홉 이중호에게 성폭행 당했다
당직 선 병원에 알리고 같이 살던 남자와 경찰서
치매 취급 돌팔매 맞았다
너무 힘없어 이중호 아내 찾아갔다
그녀는 파리하고 배가 커
전단지 주고 나오는 뒤통수 능소화
모가지 굴렀다
그의 아내 죄 없듯 나도 죄 없다
법원이 젊은 남자를 벌주기 꺼려
잘린 병원 옥상 올라 고발전단지 뿌렸다
지나던 사람들이 한 장 두 장
주워들었다

69세 저 심효정을 29세 간호조무사 이중호가 덮쳤
습니다
법원은 젊은 남자가 나이 든 여자를 설마, 구속영

장 기각

　경찰은 치매 환자로 매도했습니다

　방 안에 숨어 잊히길 바랐습니다
　이 고백으로 한 걸음
　한 걸음.

* 영화 <69세>, 감독 임선애, 2020.

아무도 없었다

군청 로터리 건설회사 이 층 사무실
효자손 든 구두는 오늘도 오른 귀 담배 꽂고
직원들이 외근 나간 열 시 맞은편 책상 올라온 꼬
랑내 시끄럽다

"집구석에서 노는 여자, 여자는 빤스 잘 벗어야!"
입인지 주둥인지

오 년 전 부슬비
출근하니 취한 밤이 효자손 펄럭
"여자가 꼬리가"

치마꼬리를 직원으로 보는 구두에게
"니기미 주사십니까?"

던지기 신공 구두 날라왔다
죽을똥 죽을똥 계단
어떻게 내려왔지?

부드러움에 대하여

들깨 순 어린 것을 천 원에 들었다
터진 손등 땀 냄새

보드랍네예
우째 무면 맛있습니꺼?

살푼 구불리라

살짝도 아니고 살큼도 아닌
삶는 것도 데치는 것도
아니 아니.

다식

포식하고 싶으냐
증식하고 싶으냐
유식하고 싶으냐

미식하고 싶고
안식하고 싶고
번식하고 싶고

지식은 가식 무식은 탄식 자식은 과식

얼마나 갖고프면 장식이란 가구 다 있을까
얼마나 무례하면 예식이란 실례 다 있을까

주식은 특식
형식은 공식
회식에 잠식

내 식 질식

네 식 천식

얼마나 외로우면 소식이란 택배
얼마나 불안하면 폭식이란 죄의식
얼마나
얼마나.

백일장

떨떠름 씁쓰름

바람이 뻥 찼다
독감 걸린 척 학교 째고 청강사
걸으니 해가 푹, 어쩐지 돌아온 느낌!
절 마당에 만사 귀찮은 황구
전에 뿌까머리 여친하고 놀러 왔을 때 학교 안 갔
냐 거시기 뽕짝 어린 게 쥐 박더니
오늘은 쳐다도 안 본다

요런 여친 있었던 놈
찾아 허우적
뒤적

원고지 이백 장
삼십 분이 안 걸려

하품 심사장

단디 보신 심사위원장님 일어서셨다
에 이토록 어정쩡한 가을날 '핑크뮬리백일장'에 와
주신 재두루미 외가리 앞줄 귀뚜라미 강물에 모래
여러분 저는 이 시가 주제에 충실하고 학생답고
장래가 촉망되는 문사 탄생에 박수
이어서 작품 낭송이 있겠습니다

사랑
핑크 핑크 핑크뮬리…… 어쩌구 어쩌구

위 시가 1등이라구요?
낯선 건 위험하오!

까고 있네!
개똥 치러 간다더니 아직 안 갔냐?

사월에는

언니야 부르면
와

돌아본 일 아득하다

쏙 쏙 쏙
쑥을 캐며 언니야
언니야

사월에는 불러주었으면

바구니 찰랑찰랑
담아주었으면.

남정탕

새벽 네 시 남정탕 간다 별 총총
젖어도 좋을 잠지 들고

뚱한 머리 물 들어간다
사타구니 귀때기 물 들이켠다
푸르릉 살아난다

옥산할메 나오셨습니꺼?
뭐 재밌는 거 보노?
문무학 시인 「호미로 그은 밑줄」
"한평생 흙 읽으며 사셨던 울 어머니 꼿꼿하던 허
리가 몇 번이나 꺾여도 떨어질 수 없어서 팽개칠 수
없어서 어머닌 그대로 호미가 되셨다."

참말이네 내 말이네
온탕 참방참방.

새로 산 구두에 뒤꿈치가 벗겨져

있던 구두나 신자
신발장 연다
구두란 구두 두고
날이 날마다 신세계 롯데
바리바리 구두
보다 내 먼저 죽을 일만 이천 보
뒤꿈치 까이고 눈 뜨자마자 화장실
눌러앉아 11번가
지루할 틈 없고

카드 쓸어내릴 때
쪼지 않아?

포기하지 않을래.

제3부

홍매 숲에서

누군 사랑해서 보낼 수 없었다는데
나는 사랑해서 얼른 보냈다
서두르면 뒤끝이 눈꼽이 낀다
자주 우두커니 된다

홍매 숲에 앉아
딱새가 발치
콕
콕
콕.

드문드문 당신

대여 기간 일주일, 시집을 빌린다
몽글몽글 침이 고여 오는 것이
씹을수록 달라붙어

연애 시절 그는 시집 속 빗물 같아서
한 구절 한 단락이 뻐근하게 저려
아프게 묻곤 뜨겁게 끄덕였지

우산이 되려
헤어지지 않을 주문 외웠어

손안에 든
머리맡에 놓인
훔치거나 엿보지 않아도
드문드문 읽히는 당신.

육교 밑 취한 남자

훅 끼쳐온다

적포다리 공사판 벌어졌다
엄마는 코앞 벌어진 공사에 눈이 반질했다
회사 쉬는 주말이면 버스 타고 시골 왔다
마루 끝에는 잠 덜 깬 새벽이 앉아 있고
하품도 못하게 추운 아침
고등어김치찌개 알루미늄 밥상 밀어주면
늦게 일어난 포크레인 훌훌 먹었다
종이컵 커피 마루 숙취 퀭하던 남자
아버지 생각이 났다
수직수직 사다리 타던 연애 던지고
아이 갖고 결혼했다
웬수 지옥 취하면 머리 찧었다

엄마처럼 될까 싶어
개구리 두꺼비 울었다.

장마

온다
어제가 온다
심장 없는 사내가
비질
비질.

메슥거린다

옛날에는 장이 지금은 차가 서는 왕후시장
대파 한 단 묶어 옥산방앗간 지나는데
명동아구찜 걸어가는 꼭뒤 오래전 국민주택 주인
집 언니

입덧 마른 입엔 상추지 겉절이지
도닥이던 양념 손이 불쑥

돼지국밥 술술 끄는 중앙식당 보도 위 깜빡이 켜놓고
둘레둘레

밤샘 헛구역질 쪼그린 마당
입맛 돌란가 무 봐라.

복실이 생각

청덕면 모리
스물여섯 뒤란은 스스스 지네 이끼
석 달을 살았다
테레비는 잠이 없어 읍내 영생병원 수면제 셌다
비 오면 더했다
주인 할메 장롱 문갑 곰팡이 약 뿌려 불 때고 닦아
도 발버둥
내 처지 같았다
뒷집 아지메한테 복실이 부탁하고 친정 갔다
실컷 잘 줄 알았는데 자꾸 보고 싶어,
대문 간에 복실이
복실아
"불 켜져 새댁 온 줄 알았다, 놀래지 마래이 복실이
갔다."

달 없는 밤이면 어디 개 한 마리 안아
풀빵 같은 젖가슴
어르고 맥이고.

장마와 연탄

대구 이천동 미군부대 정문 앞
녹색 철 대문 들어서면 부엌 찔끔 딸린 방
주인집 안방과는 마루 건너 들어가자마자 TV 틀
어야
덜커덕 쪽문 당기면 부엌인지
부엌 끝에 주인집도 자취방도 쓰는 변소

봉숭아 얼굴 씻기는 비 저녁
주인집 마루는 고기를 웬일이래 구웠다
빙 둘러 여섯 식구 볼따구 미어지더니
밤새 마루 내려서는 크작은 슬리퍼 소리 처마 물
게우는 소리
코를 막으면 기어이 벌리는 비
귀를 막으면 쿠당탕 자빠지는 비

꿉꿉하고 냄새 사나워 연탄 피웠다가
기어 벌벌 나왔던.

금목서

물고기 이름인 줄 알았다

그녀가 살던 자취방으로 내가 들어간 건
미술 시간에 파란과 주홍으로 금붕어를 그리고
선생님이 스케치북을 들어 보이면 와아
엎드려 있던 정숙이가 일어나고
해 다 진 자취방 밑면 윽 변소 냄새
여기서 같이 살자

시골집 가서 동생한테 머리 뜯기고
이게 누구 때문인데
열일곱 다 실어 뺨을 갈기고
내 자취방 가자
덮으면 따뜻하긴 할까 싶은 홑이불
가는 비 새벽
안 들어왔다

물어 찾아간 서문시장 언덕빼기 정숙이는 형부 엉켜

언니 어디 갔노? 집에 가자, 어서 가자 집에
앙다문 눈 보지도 않고

자취방 돌아와 앉은뱅이책상 교과서 공책
째서 쫙쫙 버렸다
눈먼 가시나 눈먼 가시나

다시는 보지 말자 했는데.

해로운 건 눈물로

튀김 감자 두 개 주먹밥 한 알 돈까스 접시 앞에 앉
아 울었다
막아보려 했지만 찍어내도 자꾸 올라왔다

그러니까 우리 집은 매실아지메 아래채였어예
그 집 큰오빠는 중학교 졸업하고 우체부가 됐는데예
어제는 등기 배달 와서 지지난 가실에 엄마도 가고
인자 우리 집 빈집 됐다
혼잣말인지 내 들으란 소린지

아지메는 몸띠가 소만 한 딸이 있었어예 눈만 뜨면
안산 논배미 얼라들 돌 떤지고 눈알 뻘거이 고래고
래 질러 쌓더마는 정신병원 뚤 맞아 죽었단 소리도
있고

열 살 땐가 서울서 기차 타고 내려왔어예
한덴지 방인지
다후다 이불 밑에 까망까망 오디 눈

빨간 다라이 엄마를 기다렸어예

겨울바람 찬바람 오복골 먼당 내천 물알 황강 자꾸
불기만 하데예

해로운 건 눈물로 씻었다.

채송화 봉숭아

동네에서 셋방 하면 우리 집

손 들어라 논 있는 사람 밭 있는 사람
소학산 밑에 율곡국민학교 3년 2반 박화식 선생님
은 손 들어라 논 한 마지기 세 마지기 열 마지기 스무
마지기
손 들어라 집에 냉장고 테레비
나는 안 들리는 플라타너스 운동장에 매달린 유리
창 손톱 긁었다 금만 가지 꿈만 베였네 에잇 에잇 발
구르는
우리 집은 선풍기만

손 들어라 엄마 무졸 아버지 무졸
소학산 밑에 율곡국민학교 3년 2반 박화식 선생님
은 손 들어라 무졸 열 열다섯 국졸 일곱 뒤로 돌아 중
졸 있나 고졸 고졸 대졸 없재?
출석부 탁 차렷 경례 나가시려는 꼭 뒤

선생님예 우리 아버지 대졸인데예.

추석 소리

꿈에 소가 왔다
세수 마당 아버지 눈빛 다르시다

중간고사 마지막 새벽달 건넌방 바람 빠지는 소리
버끔버끔 막걸리 개는 소리
귀 막았다 눈 막았다
깜빡

문제풀이 스스르 조는 머리
쓸어 주고 가셨다.

가리목 와리

가리목 사람은 와리 이사 안 돼
자네 외가도 와리 가서 안 풀렸다
묵경당 어르신 말씀에 가리목은 조씨 터 옆에 와리
는 문씨 터
조씨는 와리 가면 씨 마른다 글월 문자 뒷산이 와
리를 감싸고 있다

와리로 이사 간 창녕 조씨 외갓집 내력
외할베는 오 대 독자 가리목 들은 창녕 조씨 들
나라 잃은 시기 왜놈이 차지했다

큰 외아제는 실겅실겅 사람 좋아
군인 가신 둘째 외아제 군번표 돌아오셨다
같이 떠난 셋째 외아제 한센병
대구 막내 외아제 요양병원 들어가셨다
키 훌쩍 초계 큰이모 칠순에 떠났다는 소식
둘째 너부리 이모 마흔일곱에 후두암
읍내 막내 이모, 귀먹어 까먹어 엄마

자네 가리목 외갓집이다
씨앗 같은 작은 밭

와리 가서 씨 안 말랐는데에
글월 문자 뒷산이 조씨도 감싸주던데예

학산 다리 뚝방 걸어 와리 간다 가리목 간다
이제부터 외갓집은 가리목 와리.

백마산성

소쿠리 장수 엄마
새벽잠 지게 엎어 오가리 정류소 바래드리고
탱자 울타리 학교 종
갈까 말까 배는 고파 와
삐삐 뽕뽕 빼먹고
묏등 벌러덩

어디 어디 떴나
엄마.

메타세쿼이아

아버지, 어느 새벽 툭
안개 속에 던지고 돌아오지 않았다
가누지 못한 몸이거나
관이 되어버린 이름

저기
함박웃음 팔 걸고 가는
아버지와 딸

내 아이에게
메타세쿼이아 너를 주어 높이
무등 태우고 싶었다
소풍이고 싶었다

알아
지금 나 아프고
열나는 까닭.

우리동네 1

두열이 하고 종말이 하고 애를 낳아 팔아
먹었다 냠냠
십만 원은 짧았다
썼다

두열이가 농약을 마셨다
이불 돌돌 종말이도 일 년 뒤 갔다
다리 밑에 두 손 모아 엎드려
흰 아가가 보고 싶었던 거다

그해 추석 밑에 아버지하고 열 살 어린 두열이가
싸웠다
아지메 덕에 묵꼬 자는 주제에
이 자슥 니 지금 뭐라 캤노 두열이 머리를 알미늄
쟁반으로 탕
아제 와 이랍니까
술 챘습니까

그때 우리 동네는 집 집마다 아버지 법석
술 법석

엄마한테 엎혀 죽은 아버지
상여 떠나려는데
못 간다 데려가라 관 잡고
관 못 떠나고

어떤 날은 없는 아버지한테
어디 부잣집에 팔아먹고 가시던가요!

왼 어깨 륙색

아버지가 오셨다고 기다리신다고
야간반 마치고 먹은 시금치 뼈다구가 끄윽
쪽가위 호주머니 넣고
꼬기꼬기 발가락 말며 걸었다 해는 누리끼리
덜덜거리는 선풍기 수위실
언덕길 올라 온 륙색 땀범벅
어쩐 일로 오셨습니꺼?
내 목소리 내 귀에 차디차

수위실 언덕길 내려 87번 종점 고개 푹
뒤통수 등줄기 질질 가던 버스
아버지가 앞에 나는 뒤에

서부정류장 내려
수고가 많다.

우리동네 2

눈물이 안 나왔다
가시나들이 아베가 갔는데
울지도 않는다 수군거렸다
가게 나가는 쪽문 위에 대못이 하나
수학여행 기념 복조리가 걸려 있던
아베는 못에 맞아 돌아가셨다
며칠 지나
사람 좋은 흰바우양반이
철구 어메가 밤새도록 서방한테 쯔쯔
분명히 들었는데 자는 잠에 떠나신 걸로
경찰이 조사는 하고 아무도 안 잡아갔다
동네 사람들은 입이 하나
전봇대 까마귀도 입이 하나
이놈 개가 못 볼 걸 봤나, 순구야!
버들개지 달싹이던 세 번의 봄 출렁
철구 아버지도 갔다
철구는 배다른 누나가 둘
여동생 남동생 뿔뿔이

뿔뿔이.

제4부

그해 여름

엄마 다녀가시고 까스명수 병
선풍기 바람 탄다

어디쯤
장맛비 젖는 산복도로 비 괸 산길
새끼 업은 방아깨비 지난다
포대기 풀지 못한 무게 몇 알 약봉지 뒹굴고

머리통 후끈 달던 해바라기 담장 아래 쪼그린 채송
화 엄마 있으면 요 요 붙어라
고무신처럼 눈물 나

선풍기라고 목이 쉬지 않겠어

엄마 다녀가시고 남은 자리
까스명수 병.

오복골 먼당

얼마나 무거웠을까
갈치 명태 고등어
딸 하나
딸 둘
딸 셋

얼마나 뜨거웠을까
빨갛게 기어드는 목 이 삽짝 저 대문
계십니까
계십니까

얼마나 무서웠을까
굴물 목실 돌돌 시퍼런 강물
서른일곱 앙다문 먼당 굴리고 던지는 달
조왕님 조왕님 짐승이면 돌려주시고 귀신이면 살
펴 주이소

사십구재 아침

황강 옆구리 백마산 쏙 쏙 쏙
참꽃 엄마.

쳉헤르

예쁘면 붙들고 싶었다
쥐면 옆에 있을 줄 알았다
쥘수록 천리만리 부는 밤에 엄마는 아팠다
일만 하고 일만 하고
낮에 엄마는 아파 잠만 자고 잠만 자고
돌인지 양인지 들판은 넓어
가를 수 없는 길 걸어
천지 풀 밖에 풀 뜯는 돌이 살고 있었다

두고 가려는지
엄마가 눈썹을 떨었다.

비닐막 못 이기는 눈꺼풀

털신 중문 창창
던지신다 물파스 안티푸라민 땡그랑 쨍그랑
엄마 가자 가자 엄마
휠체어 굴리는 신소양요양병원 2층 간호사실 옆
오른 첫 침대는 엄마 자리
숙제하듯 찾아간 일 년
코로나 터졌다
불 나는 손전화, 집에 가고 싶다 거 있나 듣고 있나
귀잡수신 엄마

이제 다리도 손도 없는 고사리

휠체어 밀고 나온 간병 아주머니가
이 사람 누굽니까?
비닐막 못 이기는 눈꺼풀

우리 큰딸.

끝물

여름내 속이 불편하면 엄마 국수 삶아 주이소
후룩 한 그릇 엄마 잘 먹었습니다

처서 지나 앞마당 뽑아 나가는데

"아이고 저 저 아까운 거를, 끝물 고추가 장맛인
데."
방 마루 축담 저어 앞마당 고춧대 들썩여 생긴 대
로 따 쥐시고
"한내끼도 빼놓지 말고 모지리 따래이."

지팡이 통통 마루 오르신다.

떠도는 집

소학산 밑 외딴 점박이 황소는 낮을 가렸다
바람 불면 흰 할마시 우는 남정네 없는 마당이었다

열에 뜬 한밤중 꺾여온 댓잎이 어린 몸뚱이 가만가
만 쓸어 주었다
엄마는 마른손 비비고
대숲은 끓는 이마 찬 수건 올려주었다

작두를 타서인가 외아지메는 눈이 파랬다

거미가 들창을 두드리고
부헝 달이 졌다.

태희

외아지메는 명의
푸닥거리 한판이면 살쾡이도 엎드리고
댓돌 위 황달 고무신
화색 돌아나갔다

돌복숭 먹고 체했다
외아지메한테 데려가요 서울사람 미국사람 살리는

자는 거 보고 학교 갔는데
강 건너 무덤실 여섯 살 태희

빗장 걸리고 댓잎 층층

녹슨 대문 살쾡이 달아난다
외아지메는 왕진 가신 지 오래.

외갓집

호롱불도 봉창도
시래기도 메주도

횃대 걸린 장닭이야
세월 갉는 쥐야

오복골 먼당에 보름달
달아나도 되잡히는.

지네 거미 눌어붙은 안방 큰무당 외아지메
우시는가

대밭 가운데로 버석버석
들이붓는
달.

조복순 여사 스무 장

엄마 빠져나간 옷장 뒤적이다 까리까리 천 원짜리
누가 주고 간 걸까
쉐타 주머니 속 천 원짜리 스무 장
설날 세뱃돈
이저리 갈라주고 해 떨어져도 안 오는 손주 몫 꼬깃 접어둔 걸까
아무래도 아무래도
아버지한테 시집오기 전 지릿재 너머 이슥골 맨드라미 벼슬 타닥 쪼고 노리던 장독대 숨어 맨발 뛰쳐나올 때 젖 퉁퉁 첫아들
그 아들의 딸이
할머니, 쥐여주고 간 걸까.

삼월 삼일

비 온다 비는
오복골 먼당에 진달래
골짝 옆 졸졸 개울에 가재
엄마는 오복골 먼당에
진달래 엄마는 가재 참방참방
비 오고 좋구나

우리 아버지, 엄마하고 손잡고
오랜만에 손잡고
이승은 죽도록
뻗대고 울고
비 오니 좋구나

가신 지 일주일
우산 쓰고 일 나가는 아침에
우산 위로 듣는 비
발등에
아잇 차거.

제5부

유미카페 1

　70 아들이 90 엄마 손 잡고

　팥빙수 작은 거 둘이 먹을 수 있지요 꿀호두케익도
주세요

　처음 얼굴
　요양병원 외출 나오셨나?

　아끼는 나비 숟가락 엎어 테이블 내드렸다
　"나비네"
　한 숟가락 녹이시더니
　눈 들어 맞은편 시화 잠기시더니

　사장님 겁니까
　예 접니다

　반갑습니다
　예 고맙습니다.

소라아파트

대야로 변두리
보일러 소리 끊어진 오후
현관 스위치 올리는데 울컥
벚꽃 쏟아진다
물소리 잠긴 씽크대 저녁이 털썩
설거지통에 잠긴다

공항이에요
서울은 아직 벚꽃이 없어요
베란다 너머 정류장 섰던 자리 쿨럭
잠옷에 내의 받쳐 입는다
엄마, 보일러 좀 올려요
코앞인 듯 목소리

대학 대신 독일로 취업비자 떠난 딸
화상통화로 남자친구 소개하고 원피스와 꽃, 맥주
와 친구들

결혼했다

이 사람이다 싶으면 사랑하는 독일이 좋아요
한국은 생각이 많았어요
따라가고 싶어 입맛 짝짝

설거지는 아침에 하자 스위치 내리는데
까톡,
엄마 보일러 올려요!

그 겨울 사흘

아버지 집이 나왔는데예
이백만 원만 빌려주이소
출가외인 돈 없다
밤샘 뜬눈 싹둑 잘리고
야속한 콧물에 눈물 쭈그려 앉았으니

보내주이소
가스나가 무슨 대학
제 학력고사 잘 봤어예
입학금 한 번만 내주이소
여자는 시집 잘 가면 된다
보내주이소 작은방 자물쇠 걸어

배고프면 나올 끼다
엄마도 오빠도 백구야
백구밖에 없는 우리 집
정지서 오빠 남긴 밥 말아 먹고
신협에 취직했다

시집와서 서른네 해
공인중개사 손해평가사 나무의사
아버지예 덕분입니더.

수국이 피었다

진주 중앙시장 잠시 주차 중 꽃 배달 아저씨
평소 앞뒤 살폈다는데
트럭 뒤 가운데

천도재 꽃 공양이
하
르
르

수국 같은 상진님

잊을만하면 시장에서 골목에서
판타원교무님 법회, 도은씨 있어 좋았다 원주씨는
거창교당 잘 다니고? 밥 먹자 교당서 먹으면 더 좋고

내 가난한 스물아홉 서른 문턱 닮은 합천교당 말
없는 손
이제 어디서 잡을까요

수국이 피었습니다.

자주달개비

종일 물 켜는 의령 권혜
상권 하권
책도 이런 비책 있다
또록또록 오들개 산딸 감꽃 졸졸 붙는 자주달개비
물 한 잔 얻어먹을까 들어선 마루 밑 털신 한 켤레
작은 걸 보니 할메 발 크기가 초계 엄마
우물가 장독대 부엌 살강에 보시기 종지
마루 위 플러그 빠진
금성냉장고.

뒹구르르 갱년

비 온다 나온나
뛰자
집 앞이다

운동화 신을까 반 접어 질질 얼굴이나 보자
내려간다

신었네?
가자

현관 계단에 바람 비
팔다리 달아난다

난 몰라.

무릉

  큰길에서 길쭉길쭉 오른다
  푸스스 돌담 너머 할메
  어데서 왔노
  읍에서예

  읍에 우리 큰딸이 공일에 안 빠지고 온다 장에 가
고 목간 가고 큰딸이 다 해 준다
  지팡이 손잡이 만지작 할메 손 위에 내 손

  언제 적 코로나야 아직도 코로나야

  어머니 좋으시겠어예 저도 큰딸
  나오려는 말 도로 말아 손 꼭 쥐는

  똑 우리 큰딸이라.

내곡리

안개 허리띠 먼당에는 산신령이
그 아래 배롱나무 언덕에는 조상님이

영옥이 가시나 매구 이야기
놀란 달 이불 쑥 들어온다.

물집

구천동에서
도리뱅뱅이에 빠가어죽
점심으로 백한 마리 금강을 마셨다
최북미술관에서
쏘가리 매운탕에 막걸리
푸지면 쑤시는 이빨 사이로 저녁이 와서
이쑤시개 던지며
배부른데 나서봅시다

새끼였다
봉산 다리 건너자
고라니는 앞 범퍼를 차고 뛰었다

구불구불 뒤쫓는 눈보라
어미인가.

따라오지 마

소싸움 봤어
빠각빠각 뿔 봤어

대가리가 부어올라
털가죽이 눈을 덮어

소주를 까 대가리에 부어
쇠솔로 벅벅

싸움소가 자꾸
자꾸 따라와.

유미카페 2

들고 온 책 노트
읽고 쓰고
마주 앉아 묻는다
부딪는 미소
마주 보다 쓰다 읽다
대답
질문

별이 태양이래
태양이 별이래 아빠

응 가까우면 태양이고 멀면 별이다

그럼 아빠는 별이야 태양이야
아니 아빠는 안 뜨겁고 안 멀다

우리 아빠 어디?

교촌양반

둘러볼 것 없는 대낮이 호미 쇠스랑 조는
초계장

생선전 건어물전 터덕터덕 눈 감고도
대암철물점

아들 마누라 잊었어도 내 점빵은 여기
자물쇠 열쇠 맞춰 들어선다

어제 그 자리
앉는다

파리채 슬슬 부친다.

겨울 정류장

별다방 돌아
걸어오신다 아버지

난닝구 삐져나온 허리춤
취한 밤 매달고

벙거지모자 담배 한 모금
버스 오르신다

머리카락 보일라
옷자락이 보일라.

시화전

우리 동네 개끌새미 담부랑에 〈할메 시화전〉이 열렸습니다.

나는 의령군 봉수리에서 태여났다
봉수는 담부랑 담부랑 해가 쫘악 비쳐서
울 엄마 품속 같았지
어린 나이에 남편 사는 합천 오산리로 시집 오는데
초가지붕에 박꽃이 피고
산길 따라 천수답이 꼬물꼬물 반겨주느 기라
신랑이 좋은 줄 몰랐제
해 너머 가마 엄마가 얼마나 보고 싶은지
이불 쓰고 울마 신랑도 따라 울었어
농사일에 집안일에 뚝딱 그늘이 내리고
아들 딸 놓고 그 자식 다 키우고 재밌을라 캉께
저승사자가 그 양반 잡아가는 기라
지금까지 살아있다 카마 참 재밌을 끼라
윤자가 글도 쓸 줄 알고
올해도 박꽃은 피었제.

커튼 흐른흐른 햇빛
일어날까 찌뿌드드
「오늘의 날씨」 여는데 김숙희 시인 전화
유미야 개끌새미 가 봤나, 새미 담부랑 시 봤나?
예 봤어예, 안 그래도 전화 드릴라 했습니더
「나의 가을」 읽어봤나 내 제자 허윤자, 이쁘재
눈물 나재.

황강가에서 1

양말 없이 발 없이
세월 기댈 거 못 된다
흘러간다 잊힌다.

웃자라면 싹둑

진주 문화예술회관 7시 40분 문학기행 버스 기다린다
아는 마스크 없이 뻘쭘한데 뒤축 닳은 랜드로바 물 빠진 청바지

산청 선비문학관 가신다더니
어이 정 시인, 합천서는 혼자 왔나?

1호차 8068호
가을 볕살 기댄 버스 뽕짝이 데려 준 강진 갯벌
"봐라, 유미야 갈대 잘린 거 보이재?"
손날 세워 턱 밑
싹둑
"웃자라면 짤린대이."

긁어주는 여자

긁어야 자는 남자를 만났다
긁혀야 잠이 든다고 했다
등 긁어 밤샘 긁은 등줄기 야금야금 아이 하나 아
이 둘
긁히는 남자를 사랑해서
긁어주는 여자를 사랑할 거라 해서
긁는 게 뭐 어려운 일 시소를 타다가도
잽싸게 긁어주었다
남은 묵찌빠가 끝나면 잠은 영 달아나
저만치 가는 달을 뒹굴뒹굴
긁어야 잠드는 옆에서 말똥한 잠이 가려워
누구 내 잠 좀 내 밤 좀
뜨나 감으나 흰 벽 커튼을 열면
나 같은 잠이 촘촘 박힌 아파트
머 멀리 가고 싶어

앞 동 1003호 불 켜졌다
오래 뜬 밤 지친 미끄럼틀 매니큐어 바르고 후후

그림자 엿보다가
  궁금한 엘리베이터 건너간다
  출입문 닫히려다 열린다
  어디서 본 듯
  거울 속 여자

  긁어주고 싶은데.

예쁘니요

친정 가는 준비 제삿날 아침
오빠야 부르면 버선발
엄마, 계신 거기는 어떻습니꺼

가시기 전날 밤 병실에서
예쁘니요
눈 세워 둘레둘레
우리 딸 참 예쁘니요
나 말고는 없었다

언니는 큰딸 오빠는 장남
권이는 아들 숙이는 막내 나는 나는
없는 나

예쁘니요
우리 딸 참 예쁘니요
떠나시기 하루 전.

제6부

맨드라미

되돌아 관자놀이 누른다
어디 뒀더라 열쇠

이제 1시간 진주를 30분에 주파한다

너무 떠든 날씨야 꺼져버려
부르면 가버리는 이름은 슬프다

저리 가 놓치고 붙들고 싶은
그래 나야 인정,

사람이 좀 새파래야지!
마당 수돗가는 울기 좋은 맨드라미

말하지 말걸 피 좀 봐
버드와이즈에 빨대 심는다
330ml 한 병이면
죄책감 금지.

유미카페 3

그녀
외딴집 뒹구는 달
꿈꾸는 젖은 피식 웃는

설레게 해줘
살게 해줘

커피 한잔할까?
벵갈고무나무 막 책을 들고.

11월
홍시감
찔끔 운 시
안경 밟은 낮
수다 콘서트
문턱 닳은 책
비밀 유자
레몬 레알

커피 조금만 더 주실 수

어떻게 지내

머리가 길어 벌써 11월

꽃 지누나

진 지가 언젠데

가을 가누나

또 오세요

니가 올까

빼꼼.

대야성

젓가락 북 찢어
면발 감는다
일보 직전 눈빛 좀 봐
사랑은 짧다.

황강가에서 2

바나나 달달이 사라지자
바닥에 던진 껍질에 밟혔다
찍

가엾고도 가엾구나 가짜한테 맘을 뺏기다니*

강인 줄 알았는데 종지

어디 산을 감춘 그릇이 있다는데.

* 영화 <아가씨>, 감독 박찬욱, 2016.

불면증

엄마가 청소기를 돌리기 시작하자
거실이 부엌이 방이 스위치를 내린다
밤에 옆구리는 안 잔다
배 감으면 머리카락이 뜨고
등이 다음엔 발가락이 소스라쳐
맥주를 한 병 소주를 섞어 한 병
그러면 귓속이 차갑다
둥 떠오른다
구급차 소리 꺼도 안 꺼진다
의사가 수면제를 줬지만 믿을 수 없다
아기가 다녀간 때문이라는데
원래 없었는데 없어진 게 뭐라
있던 게 없어진 것도 아니
없던 게 없어졌나?
그렇지만 여섯 달을 뱃속에
분하다 어디 가서 찾아와야 할지
모로 누워 빙빙 일부터 백까지
밤새 짓무른 눈 좀 붙여 엄마한테 가 있어

못 견디는 남편이 돌려준 내 방

엄마는 자다가 네 번 들어와

청소기는 밤에 못 돌려 아파트야 미안해

베란다 쪼그려 담배를 피고

이사를 결심하다 주저앉는 엄마는

해 뜨면 돌리는 엄마는

울 코스 쉐타를 돌리고

히야신스 알뿌리는 언제 귀여운 봉오리를 낳을까

무릎을 TV를

돌릴 수 있는 걸 돌리는

아가는 청소기가 제일 좋은데.

순구

노양 다리 어릴 적 우리 집에 풀어 키운 순구는
마당 어슬렁
내가 오면 웡 짖고 마루 밑 들어갔다
중학교 1학년 때 학교 마치고 비 오고 버스 안 와서
죽 된 날
순구가 안 짖었다

엄마, 순구는?

순구는 안 묶여서 죽고
나는 묶여서 아직 산다.

쉼 없는 계절

개나리가 피어
십이월에 노릿하게 웃어
어찌 왔니 물으니 봄
아닌데 봄, 어서 집에 가
손 흔들어주고 돌아서는
진달래 생각이
조차 피지 말란 법은
모르는 데서 가쁜 숨 하아
게워내고 있을
나두 개나리.

세 번 결심하고 네 번째 날

남편이 데려갔어요
힘드냐 묻는데 몸무게가 줄어요
다이어트엔 땀보다 눈물
알알이 수면제 깨고 오른 산
그 남자 눈을 처음 봤어요
울지 않는 굵은 손이 적셔 준 마음
갈마산 내려와 남편은 일 나가고
거실 방 마당 방
결혼 기념 목걸이 반지 잊지 않고
어디 좀 떠나 조르다가도 일만 하는 사랑이 미안해
서 닥치고 빨래
부푼 달 부는 바람에 팬티를 사자
사다 보면 하늘하늘 외로워
가을 서둘러 회오리 사러 갔어요
꼬챙이처럼 말라도 아이는 자라고
뒷집 에쿠스 단풍 드라이브
나 좀 데려가 방문 목구멍 걸린 목소리
비너스 쇼윈도 지친 레이스 팬티 서랍 쏟아지는 저녁

리모컨 쥐고 잠든 남편 꾹 누르면
언제부터 잠겼던 눈물이.

유미카페 4
-가을비 동창생

비가 몇 뿌려
가로등이 흠뻑 켜졌다

가스나 와 이래 이쁘노 오늘 밤?
이쁘면 집에 안 가는 거라?

육십 먹은 가스나
돌아온다

그때 6학년 때 안 있나 그 노총각 담임선생님 이름
이 뭐꼬, 책상에 엎디리라 캐놓고 볼테기 꼬집고

엄마야 나는 그때 빨리 컸다 아이가, 옆에만 오모
궁디를 그래 짝짝 짝 때리대

간장공장간장장공장

마당에 나온 후배 사장이

언니들 불 끌 건데 집에 안 가예?
일찍 가면 남편이 놀랜다

사별에 삼혼 별거에 자궁암
징하고 장하고 욕봤다 가스나야

집엔 가야 하는지.

다정

눈발 콧등 치는 금요일
해는 져서 어두워
막걸리 몇 포기 치댔지
없던 하늘 눈 내리고
말이란 막걸리
빨갛게 물들였네
트랄랄랄라
젓가락 죽죽 찢어
슬퍼서 웃을게요
웃어서 울게요
밤 깊도록
함박 함박.

몰라 몰라 요놈 시
-합천 지역문학과 정유미 시의 폭발
박태일

1. 지역과 영향

모든 시는 개별적인 쓰기 활동의 결과다. 주체의 개성적인 산물이라는 뜻이다. 시적 주체의 생각과 느낌, 의식과 무의식을 노래하는 한마당 언어적 기투의 성과물이 시다. 아울러 모든 시는 주어진 영향의 결과다. 앞선 시대 문학 관습과 동시대 갖가지 문학 동향, 거기다 시인 안쪽에서 거듭하는 버릇과 그 갱신으로부터 말미암은 산물이다.

시는 개성적이면서도 관습적인 이러한 이율배반의 역동을 한가지로 품고 뒹구는 말글의 싸움터다. 어떻게 시로서 일어서고 시를 빌려 무엇을 이룰 것인가라는 고심의 나날이 시인을 시인으로 살아가게 이끈다. 그런데 시인을 일으키거나 그에게 주어진 여러 영향 가운데서 특정 지역의 문학사회 분위기, 습작 환경 또한 무시할 수 없다. 그것은 학교의 제도 학습이나 교양 독서와는 다른 쪽에서 시인을 뒷받침하는 밑거름이다.

좋은 시인을 많이 지닌 지역은 그만큼 시인이 나올 가능성이 커진다. 그렇게 보자면 경남 합천은 여느 지역에 견주어 지역적 영향과 전승의 연결 고리가 활발하지 못했다. 근대 100년 합천 문학지로 볼 때 손에 꼽을 만한 성취를 보여 준 시인은 뜻밖에 드물다. 20세기 초반 한때 인구 12만에서 오늘날 4만 아래로 줄어든, 역외 이향 인구와 역내 소멸이 어느 곳보다 잦았던 지역으로서 지니게 된 자연 현상 가운데 하나인지 모른다.

이러한 지역 전통으로부터 말미암은 문학의 영향 관계를 시, 그것도 여자 경우로 좁혀 보자면 더욱 미미한 곳이 합천이다. 합천의 여자 시인은 오랜 세월, 출현 자체를 보기가 쉽지 않았다. 시문학 사회에 나서서 나름의 활동을 이은 여자의 절대수가 적다. 그러다 보니 적극적인 영향의 고리가 만들어질 수 없었다. 1970년대까지만 하더라도 합천의 여자 시인

은, 출향 쪽을 죄 넣더라도 한 사람을 찾기 힘들다.[1]

그렇다고 1980년대로 넘어서면서 여자 시인을 배출한 경험이 잦은 것도 아니다. 한 손바닥에 꼽을 정도다. 이러한 합천의 여자 시인 약세로 보자면 2000년대의 정유미[2]는 이채롭다. 그것도 출향 문학이 아

---

1 이 점은 근대 여성 교육에 대해 합천 지역이 지녔던 소극성과 맞물린 일일 수 있다. 박태일, 「광복기 합천군수 한찬석 문필의 내력」, 『한국지역문학연구』 14권 1호, 한국지역문학회, 2025, 102쪽.

2 정유미는 1968년 부산 영도구에서 태어났다. 아버지 정재환, 어머니 조복선의 네 자녀 가운데서 위로 오라버니를 둔, 세 딸의 맏이다. 부산 영도초등학교를 다니다 서울 금화초등학교로 전학했다. 1976년 겨울 서울 생활을 접고 외가 곳인 합천군 율곡면 와리로 내려왔다. 1977년 율곡초등학교 4학년으로 전학한 뒤 1980년 합천여자중학교에 입학했다. 1984년 부산 섬유공장을 거쳐 1987년 대구 성서여상에 입학해 학교와 일터를 오가는 생활을 거듭했다. 18살 때인 1985년에 아버지를 여의고, 1987년 20살에 대구에서 경리 업무를 보며 방송통신대학교 국문학과에 입학했다. 28살인 1996년에 합천문학회에 입회해 습작을 시작했다. 40살인 2007년부터 합천문학회 사무국장으로 11년 동안 일했다. 2016년에는 합천예총(김숙희 회장)에서 사무국장 일을 두 해 맡았다. 2011년 44살에 『경남문학』 신인상 공모에 당선했으며 2019년 51살부터 본격적인 시창작을 위해 합천과 마산을 오갔다. 2022년 55살에 방송통신대학교 국문학과에 재입학하여 2024년 졸업했다. 2022년 『장소시학』 신인상을 받았다. 문학 이력으로 보자면 20대 초반의 짧은 시 향유기에서 시작하여 60대를 올려다보는 세월 동안 꾸준히 문학 가까이 살고 있다. 흥미로운 점은 40대 한창 시기를 지역 소규모 문학회와 예술 기구 뒷바라지에 바친 일이다. 창작에 매달려야 할 시기가 그렇게 떠내려간 격이다. 어느새 예순을 내다보는

니라 합천 역내에서 이루어진 성과라는 쪽에서 그
렇다. 역내에서는 그미 앞자리에 김숙희가 오로지할
따름이다. 앞 세대의 서릿발을 밟고 서서 뒤 세대를
향한 맨 앞자리에 선 격이다. 그런 까닭에 그미 시는
두드러질 뿐 아니라, 앞날을 마냥 기다리게 만든다.

2. 길 위의 여자, 관계 불화의 두 켜

정유미가 문학사회에 얼굴을 내민 때는 2011년
『경남문학』 신인상을 받을 무렵이다. 시기로는 앞섰
다. 그럼에도 그 뒤로 잠행이라 할 무명의 시간을 거
쳤다. 그러다 2022년 『장소시학』 신인상을 받았다.
나이 마흔 줄에 문학사회에 선뵈고 본격적인 창작은
쉰 줄부터 이루어지는 맵시다. 흥미로운 점은 『장소
시학』에서 심사를 맡은 강연호(원광대)와 권혁웅(서
울여대), 두 시인은 한결같이 정유미 시의 특장을 여
성의 삶과 말씨라는 쪽에서 짚으며 고평을 아끼지
않았다는 사실이다.

사람으로서 정유미는 어릴 적부터 떠돌이 아닌 떠돌이처럼 여러
길을 밟았다 하겠다.

①여성의 신산스러운 삶과 설움, 삶의 일상에서 얻어지는 통찰을 조곤조곤 들려주는 정유미의 어법은 절실하다. 울음의 처연함에 웃음의 허탈함이 겹쳐지며 짠하게 읽힌다. 그 처연한 슬픔이 눙치는 어법과 미묘하게 어우러지며 술술 읽힌다.

-강연호, 「처연한 슬픔과 눙치는 어법-정유미의
「불면증」 외 13편」 가운데서[3]

②정유미의 시에는 우리 시가 잃어가고 있는 자질 가운데 하나인 구술성(口述性)이 풍요롭다. 개인의 역사와 사물의 역사와 공동체의 역사를 통합하는 힘. 그 말을 전달하는 리듬의 힘. 화제(話題)를 통해 드러나는 이미지의 힘. 목소리들의 중첩이 그것이다. 좋은 시에 멋진 시인의 탄생을 축하드린다.

-권혁웅, 「멋진 시인의 탄생을 축하하며」 가운데서[4]

강연호 시인은 정유미 시가 지닌 특성을 여성적인 삶의 '신산함'과 그것을 담아내는 개성적인 '어법'에서 찾았다. "슬픔을 눙치는" 듯한 말씨로 말미암은 감동이 한층 더하다는 풀이다. 물론 이렇게만 보면

---

3 『장소시학』 제2호, 꼬꼬야, 2022, 40-43쪽.
4 『장소시학』 제2호, 위의 책, 44-46쪽.

정유미의 작품은 앞섰던 많은 여자 시인들이 노래한, 여자로서 겪어야 했던 삶의 경험과 풍경에 닿아 있다. 딱히 새롭다고만 할 수 없다. 다만 그 표현에서 목소리의 개성이 뚜렷한 점을 짚은 셈이다.

권혁웅은 그러한 정유미 특유의 목소리를 '구술성'에서 찾았다. 글말과 달리 입말이나 그 가락이 지니는 직접적이고도 통합된 공동체 감각과 넓은 울림이 정유미 시의 곳곳에서 특별한 맛을 자아낸다는 생각이다. 여느 여자 시인의 성취와 나뉘는 정유미 시의 가능성을 두 추천인은 마땅하게 짚어준 셈이다. 글쓴이 또한 그러한 생각에 줄거리를 같이한다. 그러면서 그런 자질을 여성주의 시라는 쪽에서 보다 적극적으로 읽고자 한다.

정유미 시는 여자의 시에 머물지 않는다. 여성주의 시 자리를 꿰뚫고 있다. 여자로 산다고 모두 여성이 되는 것은 아니다. 성별 차이가 사회적 성차를 대신하지 않는다. 가부장제 사회에서 차별적으로 겪는 여자의 삶에 대한 자각과 관계 인식, 그를 바탕으로 사람답게 살아가는 데 대한 방법적 성찰이라는 골간을 정유미 시는 껴안고 있다. 여성 주체가 겪는 삶의 갖가지 굴곡을 독특한 표현 가치로 끌어올리고자 한 시가 그미 것이다.

1) 가족 관계와 수직적 상실감

시인 정유미의 삶을 짚다 보면 흥미로운 사실이 눈길을 잡는다. 여느 사람보다 잦았던 어린 시절의 이동이다. 부산 영도에서 태어나 서울과 대구, 합천으로 이어진 이동은 여느 소녀나 청소년이 겪었을 법한 삶을 뛰어 넘는, 어려웠을 역정을 암시한다. 상식을 넘는 강도와 진폭을 지닌 속살일 것은 뻔하다. 그래서 그런지 정유미 시 속의 여성 주체는 무엇보다 길 위에 놓여 있다. 딸로서, 여자로서 겪었던 삶의 굴곡이 걸음길 곳곳에서 전을 편다. 그런 가운데서 시인은 나이를 더했다.

길 위의 여자. 어느새 예순을 내다보는 여자가 굽이굽이 맞닥뜨린 여자의 삶과 그에 따른 자의식이 정유미 시의 속살이다. 그것은 각별히 두 가지 관계 양상을 중심으로 펼쳐진다. 첫째 딸로서 맞닥뜨린 가족 안쪽의 것, 둘째 바깥 사회 관계로부터 말미암은 것이다.

　　①튀김 감자 두 개 주먹밥 한 알 돈까스 접시 앞에
　앉아 울었다
　막아보려 했지만 찍어내도 자꾸 올라왔다

　그러니까 우리 집은 매실아지메 아래채였어예

그 집 큰오빠는 중학교 졸업하고 우체부가 됐는데예
　-(줄임)-

열 살 땐가 서울서 기차 타고 내려왔어예
한덴지 방인지
다후다 이불 밑에 까망까망 오디 눈

빨간 다라이 엄마를 기다렸어예
겨울바람 찬바람 오복골 먼당 내천 물알 황강 자꾸
불기만 하데예
-「해로운 건 눈물로」가운데서

　짐작컨대 어릴 적부터 알았던 마을 아주머니를 오랜 뒷날 만나 나누게 된 대화를 살려 쓴 꼴이다. "튀김 감자 두 개 주먹밥 한 알 돈까스 접시"로 차린 밥상의 추억이 애틋하다. 그 밥상 위로 울먹울먹 울음이 찬처럼 자꾸 놓인다. 어릴 적 "열 살 땐가 서울서 기차 타고 내려"와 살게 된 살림살이가 그 누름 단추다. "이불 밑에 까망까망 오디 눈"을 뜬 채 행상 길의 "빨간 다라이 엄마"를 기다리는 딸들이 보인다. 그 가운데 맏이였을 말이다. 해로운 것들이 어찌 눈물로 다 씻길 것인가. 마냥 울어도 씻기지 않고 쌓일

따름인 슬픔도 있다. 그런 여자의 마을 위로 달은 뜨고 또 진다. 암시적이지만 추억의 형식을 빌려 말할 이의, 어릴 적 결핍과 부재로 지냈을 마을 환경을 일깨워 주는 시가 「해로운 건 눈물로」다.

> 두열이 하고 종말이 하고 애를 낳아 팔아
> 먹었다 냠냠
> 십만 원은 짧았다
> 썼다
>
> 두열이가 농약을 마셨다
> 이불 돌돌 종말이도 일 년 뒤 갔다
> 다리 밑에 두 손 모아 엎드려
> 흰 아가가 보고 싶었던 거다
> ―(줄임)―
>
> 그때 우리 동네는 집 집마다 아버지 법석
> 술 법석
>
> ―「우리동네 1」 가운데서

거침없는 숨길로 어릴 적 마을의 깊은 속살로 내려선 시다. '두열'이와 '종말'이라는 구체적인 이름을 앞세운 두 죽음의 줄거리가 그것이다. 새삼스럽게 시인을 그 일로 밀어 넣은 것은 무엇이었을까. 비극으로 끝낼 수밖에 없었던, 가난을 향한 막막한 노여움일까. 마침내 자신이 저지른 죄를 "두 손 모아" 엎드린 채 "다리 밑에"서 죽은 종말이다. 저승에서는 자신의 아이를 다시 만나 손수 돌볼 수 있었을지 모른다.

그런 이해하기 힘든 상실과 죽음을 마구 불러들이면서 가을부터 봄까지, 봄부터 겨울까지 마을은 "집집이 아버지 법석/술 법석"으로 끓었다. "철구 어메가 밤새도록 서방한테" 맞아 죽었다는 풍문도 잠방잠방 떠오르다 가라앉았다. 마을은 비극을 풍문으로 뿌리고 날마다 서둘러 어둠으로 덮었다. 그런 가운데 봄날 죽순처럼 즐거운 하루가 쑥 돋기도 했다.

안개 허리띠 먼당에는 산신령이
그 아래 배롱나무 언덕에는 조상님이

영옥이 가시나 매구 이야기
놀란 달 이불 쑥 들어온다.

-「내곡리」

소녀 걸음으로는 멀었음 직한 안골의 '영옥'이 집까지 말할이는 마실을 나섰다. 거기서 머문 하룻밤, 뚜렷한 즐거움의 감각은 소녀 시절을 따뜻하게 덮어 주었을 것이다. 이불 속으로 쑥 들어앉던 '달'은 그미가 누렸던 즐거움을 한 마디로 녹인 말이다.

그러한 둘레로 어버이의 그림자는 마냥 무겁다. 열 살도 더 어린 마을 젊은이에게 아내 "덕에 묵꼬 자는 주제"(「우리동네 1」)라는 욕설을 들어야 했던 무능한 아버지. 아버지는 말할이에게 결핍을 온몸으로 보여준 표상이었다. 가을 산을 돌아 내려오면 옷을 덮던 그 많은 도꼬마리 성가신 열매처럼 마을의 아버지들은 딸의 곳곳에서 번성했다.

> ①아버지 집이 나왔는데예
> 이백만 원만 빌려주이소
> 출가외인 돈 없다
> 밤샘 뜬눈 싹둑 잘리고
> 야속한 콧물에 눈물 쭈그려 앉았으니
>
> 보내주이소
> 가스나가 무슨 대학
> 제 학력고사 잘 봤어예

입학금 한 번만 내주이소

여자는 시집 잘 가면 된다

보내주이소 작은방 자물쇠 걸어

-「그 겨울 사흘」 가운데서

②아버지가 오셨다고 기다리신다고

야간반 마치고 먹은 시금치 뼈다구가 끄윽

쪽가위 호주머니 넣고

꼬기꼬기 발가락 말며 걸었다 해는 누리끼리

덜덜거리는 선풍기 수위실

언덕길 올라 온 륙색 땀범벅

어쩐 일로 오셨습니꺼?

내 목소리 내 귀에 차디차

수위실 언덕길 내려 87번 종점 고개 풀

뒤통수 등줄기 질질 가던 버스

아버지가 앞에 나는 뒤에

-「왼 어깨 륙색」 가운데서

   시인은 한 사람이면서 서로 다른 세 아버지를 보여
준다. ①은 어린 딸의 대학 진학을 주저앉힐 수밖에
없었던 무능한 아버지다. 매몰차게 '출가외인'을 들

이댔다. 하지만 사정이 허락했다면 어찌 딸을 대학에 보내고 싶지 않았겠는가. 남들은 다들 가는 듯이 보이는 대학 문 앞에서 좌절한 딸이 할 수 있는 마지막 저항은 될 성부르지도 않는 단식이었다. 자학밖에 선택할 수밖에 없었던 가정 형편이었다.

②의 아버지는 이향의 어느 공장에서 일하는 어린 딸을 멀리 만나러 왔다. 아무 것도 해 준 게 없다는 생각에 마음이 늘 안으로만 타들었던 그이였을 터다. 그래도 딸이 지내는 모습을 확인한 뒤다. 집안 건사는커녕 아내에게 생계를 맡겼던 아버지의 무능은 어깨에 멘 륙색만큼이나 오래고 낡았다. 기울 기울지는 가장의 어깨를 고누며 면회를 마친 아버지를 딸은 정류장까지 배웅했다. 딸과 아버지 사이 대화는 늘 그렇듯이 자꾸 실종했을 것이다. 한 시대, 아버지만 떠올리면 마냥 분노가 치밀었을 듯한 많은 딸들이 아침마다 차에서 내리고 저녁마다 커다란 문에서 쏟아져 나왔던 공장 지대 곳곳의 낯익은 풍경이다.

아버지, 어느 새벽 툭
안개 속에 던지고 돌아오지 않았다
가누지 못한 몸이거나

관이 되어버린 이름

저기
함박웃음 팔 걸고 가는
아버지와 딸

내 아이에게
메타세쿼이아 너를 주어 높이
무등 태우고 싶었다
소풍이고 싶었다

-「메타세쿼이아」 가운데서

　아버지는 어느 세월에 마냥 관으로 돌변했다. 아버지와 함께 딸도 나이가 든다. 그리고 어느새 그런 딸에게 새롭게 들이닥치는 아버지. 봄 가을 산으로 들로 손잡고 나들이 다니는 듯한, 다른 시대 다른 아버지의 어린 딸들을 보면서 말할이의 결핍감은 밑자리가 없을 듯했으리라. 딸의 마음속에서 슬픔이 메타세쿼이아처럼 높이 키를 세웠던 날. 「메타세쿼이아」를 빌려 여자는 새삼스럽게 아버지의 부재를 온 몸에 아로새긴 딸로 걷고 있다.
　시인이 담아낸 그러한 세 아버지는 한 사람이기도

하고 여럿이기도 하다. 여럿이기도 하면서 한 사람이다. 모름지기 무능과 부재, 결핍만을 딸에게 선사한 아버지다. 그래서 세상의 딸들은 늘 아버지가 벅찬가 보다. 딸은 그러한 아버지를 견디며 살았다. 그렇다면 그런 이를 지아비로 둔 어머니는 어떻게 삶을 살아냈을까.

> 소쿠리 장수 엄마
> 새벽잠 지게 얹어 오가리 정류소 바래드리고
> 탱자 울타리 학교 종
> 갈까 말까 배는 고파 와
> 삐삐 뽁뽁 빼먹고
> 묏등 벌러덩
>
> 어디 어디 떴나
> 엄마.
>
> ―「백마산성」

「백마산성」에서는 "소쿠리 장수"로 새벽 잊은 엄마를 추억하는 자식이 보인다. 일찍 집을 나서는 엄마는 어린 마음에 그대로 해묵은 슬픔이었다. 그 슬픔을 이제는 아들이 회상한다. 그러나 아버지 대신 생계를 책임진 엄마의 일은 소쿠리 장수에 그치지 않았다. 곳곳 공사판을 누비고 고된 몸을 기울였다. 그 자식들의 엄마는 얼마나 나날이 무거웠을까.

"갈치 명태 고등어/딸 하나/딸 둘/딸 셋"을 무겁게 이고 "이 삽짝 저 대문/계십니까/계십니까" 봄날 참꽃 같이 붉게 기어드는 목소리로 떠돌았을 어머니다.(「오복골 먼당」) 어떤 딸은 "종이컵 커피 마루 숙취 퀭하던 남자/아버지"에 얹혀 "엄마처럼 될까 싶어/개구리 두꺼비"(「육교 밑 취한 남자」)보다 더 크게, 들리지 않을 울음을 삼켰다. 그런 마을의 많은 엄마처럼 살지 않겠다고 다짐했던 딸은 어느새 아내를 거쳐 어머니가 되었다.

비 온다 비는
오복골 먼당에 진달래
골짝 옆 졸졸 개울에 가재
엄마는 오복골 먼당에
진달래 엄마는 가재 참방참방
비 오고 좋구나

우리 아버지, 엄마하고 손잡고
오랜만에 손잡고

이승은 죽도록
뻗대고 울고
비 오니 좋구나

가신 지 일주일
우산 쓰고 일 나가는 아침에
우산 위로 듣는 비

-「삼월 삼일」 가운데서

모든 딸은 어비이를 묻는다. 어느새 "아버지, 엄마
하고 손잡고" 있을 저승과 이승을 가르는 때, 비는 차
갑게 내린다. 「삼일 삼일」은 어머니의 죽음을 아버지
곁에 모신 뒤 겪는 심회를 곡진하게 담았다. 가난과
결핍, 부재와 무능만이 추억으로 들썩거리지만 그것
은 다른 누구도 아닌 오롯이 자신의 것이다. 그런 사
정을 우리는 운명이라 말한다. 그래서 "나는 나는/없
는 나"처럼 살 수밖에 없었나 보다.

어머니는 그런 세월을 따라 나온 딸을 두고 "우리
딸 참 예쁘니요"(「예쁘니요」)라며 다독인다. 저승에서
건너온 한 마디다. 그것이 무슨 위로가 되었을 것인
가. 그래서 딸은 이승의 비가 "죽도록 뻗대고 우는"
듯 싶다고 말한다. 저승이 아니라 이승에서, 아버지

어머니가 함께 딸 곁에서 건네는 우리 딸 참으로 '예쁘니요', 한 마디만이라도 얼마나 행복했을 것인가. 그러나 이승 저승 사이, 과거와 현재 사이 큰 장막 너머에서 딸은 위로 받지 못한 채 혼자다. 그런 탓에 하루하루 딸들은 어버지와 엄마를 용서하고도, 또 용서할 수가 없어 운다.

> ①엄마가 청소기를 돌리기 시작하자
> 거실이 부엌이 방이 스위치를 내린다
> 밤에 옆구리는 안 잔다
> 배 감으면 머리카락이 뜨고
> 등이 다음엔 발가락이 소스라쳐
> 맥주를 한 병 소주를 섞어 한 병
> 그러면 귓속이 차갑다
> -(줄임)-
> 청소기는 밤에 못 돌려 아파트야 미안해
> 베란다 쪼그려 담배를 피고
> 이사를 결심하다 주저앉는 엄마는
> 해 뜨면 돌리는 엄마는
> 울 코스 쉐타를 돌리고
> 히야신스 알뿌리는 언제 귀여운 봉오리를 낳을까
>
>   -「불면증」 가운데서

②거실 방 마당 방

결혼 기념 목걸이 반지 잊지 않고

어디 좀 떠나 조르다가도 일만 하는 사랑이 미안해서
닥치고 빨래

부푼 달 부는 바람에 팬티를 사자

사다 보면 하늘하늘 외로워

가을 서둘러 회오리 사러 갔어요

꼬챙이처럼 말라도 아이는 자라고

-(줄임)-

리모컨 쥐고 잠든 남편 꾹 누르면

언제부터 잠겼던 눈물이.

-「세 번 결심하고 네 번째 날」 가운데서

①과 ②는 엄마의 딸이 어느새 누구의 어머니며, 아내가 되어 살아가는 모습을 보여 준다. 살얼음 언 겨울 물낯 같은 일상 위에서 여자는 웃고 눈물짓는다. 잠들지 못한 채 밤의 옆구리에 기대어 섰다. 차가운 날씨를 이기고 '히야신스'는 "귀여운 봉오리", 하얀 '알뿌리'를 낳을 수 있을까. 불면의 밤을 건너면서 "거실 방 마당 방"을 오가며 "사랑이 미안해서" 빨래를 한다. 하늘하늘 외로움이 깃털처럼 날아오르

는 가을이다. 동에서 서로, 남에서 북으로. 아이가 자라고, 남편이 잠드는 내내 여자는 "잠겼던 눈물을 켰다" 껐다 되풀이한다. 가정이라는 울타리가 높다가 낮다가 출렁거린다. 경우는 다르고 상황은 바뀌어도 그렇게 여자는 엄마로 사는 일에 더 익숙해 가는가 보다.

이제껏 정유미 시의 중심 맥락 가운데 하나는 어릴 적부터 어른에 이르기까지 여성 주체가 겪는 가족 관계 갈등임을 살폈다. 그것은 주로 어버이와 자신 사이 수직 관계를 중심으로 이루어졌다. 수평 형제 관계는 잘 드러나지 않는다. 거기다 그 관계는 무능과 결핍과 같은, 슬픔과 분노를 불러일으키게 만드는 대상으로서 아버지와 얽힌 부조화가 두드러진다. 그로 말미암은 까닭인지 지아비 대신 생계를 책임졌던 어머니에 대한 연민과 집착은 더하다. 그런 어머니의 고통으로 말미암아 아버지의 무능과 그에 대한 분노 또한 더할 수밖에 없는 악순환이다. 어쩌면 정유미 시의 여성 주체는 우리 시대 모든 아버지들을 향해 딸들이 지닐 법한 깊은 상실감과 슬픔을 건드리고 있다.

2) 사회 관계 갈등과 대응

정유미 시의 주체가 주도적으로 담아내고 있는 다른 한 가지는 사회 관계에서 여자가 겪는 갈등과 불화에 대한 적극적인 표현이다. 어린 시절의 가정과 달리 사회 관계는 성인기로 접어들면서 삶의 중심 자리를 차지한다. 여자의 삶길에서 그것은 더욱 여자스럽게 살아가도록 훈련받는 과정과 다르지 않다. 각별히 자신의 여성 의식과 현실 사이 괴리를 강하게 겪는 사람일수록 느끼는 어려움이 더할 수밖에 없다. 정유미가 보여 주는 길 위의 여성 주체는 그렇듯 사회화 과정에서 말미암은 차별 상황과 폭력에 적극적으로 맞서는 모습을 담아낸다.

①산은 도망치는 산 강만 보고 걸었다
할 말 있어도 할 말 없어도
노래하면 잊혔다
-(줄임)-
졸업하고 경리 보던 지하 경양식 노란잠수함
노랑 잠망경에 폭 빠진 소파
노래 베끼다 시 베꼈다
글자들은 간질댔다 사랑은 쿡 쓰렸다

　　　　　　　　　　　　　-「노란 잠수함」 가운데서

②살 바라 살 으와
걸어가는데

푸짐하네 푸짐
지나가는데

허벅지 줄까
젖통 깔까

물크렁 선인장
푹푹 하수구.

-「뚱뚱한 말」 가운데서

①은 소녀가 직장인으로 자라는 과정을 그렸다. 어느덧 가정에서 사회로 나선 딸이다. 이른 나이에 세상 물정과 맞부딪친 것이다. "졸업하고 경리" 보면서 카페 "노란잠수함/노란 잠망경"으로 내다본 세상. 그나마 좋아하는 노래를 듣고 시를 읽을 수 있는 기회가 주어져 세상의 첫 경험은 아슬아슬한 가운데서도 빛났다. 그런데 그러한 시기도 잠시, 곳곳에서 말할이가 맞닥뜨린 것은 차별과 좌절이었다.

②는 흔히 직장 여자들이 겪을 법한 언어 폭력 가운데 하나를 본보기로 삼았다. 여자의 몸을 대상으로 뱉어대는 남자의 성적 언어 폭력이 그것이다. "푹 푹 하수구"에 빠진 듯하게 만드는 그런 짓거리 가운데서 여자는 마냥 피폐해질 마련이다. 그에 맞서 말할이가 택한 것은 적극적인 되받기였다. "허벅지 줄까/젖통 깔까"라는 선언적 말폭탄 되돌려주기가 그것이다. 그러나 그러한 방어는 소모적인 입씨름에 그칠 따름임을 말할이는 잘 안다.

  ①군청 로터리 건설회사 이 층 사무실
  효자손 든 구두는 오늘도 오른 귀 담배 꽂고
  직원들이 외근 나간 열 시 맞은편 책상 올라온 꼬랑내 시끄럽다

  "집구석에서 노는 여자, 여자는 빤스 잘 벗어야!"
  입인지 주둥인지

  오 년 전 부슬비
  출근하니 취한 밤이 효자손 펄럭
  "여자가 꼬리가"

치마꼬리를 직원으로 보는 구두에게

"니기미 주사십니까?"

던지기 신공 구두 날라왔다

죽을똥 죽을똥 계단

어떻게 내려왔지?

-「아무도 없었다」 가운데서

②할머니라 아주머니라 불리기도 그런

그런 내 나이 예순아홉

스물아홉 이중호에게 성폭행 당했다

당직 선 병원에 알리고 같이 살던 남자와 경찰서

치매 취급 돌팔매 맞았다

-(줄임)-

방 안에 숨어 잊히길 바랐습니다

이 고백으로 한 걸음

한 걸음.

-「69세」 가운데서

　「아무도 없었다」는 남자의 일상 폭력이 어떻게 저
질러지는가를 일깨워 주는 한 본보기다. 어느 "군청

로터리 건설회사 이 층 사무실"을 바탕으로 겪은 여자 직원의 경험이 그것이다. "집구석에서 노는 여자, 여자는 빤스 잘 벗어야" 정도의 언어 폭력에서 그칠 일이 아니었다. 그냥 "입인지 주둥인지" 정도로 분노를 누그러뜨리고 말 수도 없었다. 술에 취한 날에는 아직 덜 깬 몸으로 말할이에게 '효자손'을 휘두르고 '구두'를 내던지는 데에는 더 참기 어려웠다. '주둥이'와 '구두'라는 말로 내뱉은, 가부장적 위세에 젖은 남자를 향한 분노로는 도저히 달래기 어려운 폭력을 암시하는 맥락이다.

「아무도 없었다」는 도를 넘는 남자의 언어 폭력으로 말미암아 한바탕 싸움으로 번진 상황까지 보여준다. 말할이는 바삐 계단을 뛰어 달아날 수밖에 없었다. 도움 받을 데 없는 그런 상황을 두고 말할이는 "아무도 없었다"고 썼다. 어느 누구도 도와주지 않았다. 그러한 폭력을 겪으며 여자는 나이가 들고 더 단단해졌을까. 문제는 그것이 사회 여저기, 관계 곳곳에서 잘 자란 응달 버섯처럼 창궐한다는 데 있다. "니기미 주사십니까"라는 욕설로는 결코 가라앉힐 수 없을 차별적 폭력의 연속 상황이다.

②는 "할머니라 아주머니라 불리기도 그런/그런" 예순아홉 나이에 스물아홉 남자에게 성폭행을 겪은

여주인공 심효정 사건을 다룬 영화 〈69〉의 줄거리를 짜깁기한 시다. 뜻하는 바는 「아무도 없었다」와 크게 다르지 않다. 다만 「아무도 없었다」의 문제는 자신의 진실을 봐 주고 도와 줄 사람이 없다는 도움 부재의 현실에서 비롯했다. 그에 견주어 ②는 자신의 가족조차도 믿어 주지 않고, 세상 모두 자신과 등 돌린 듯한 절연감에 떠는 여자를 다룬 점에서 더욱 절망적이다. 관계 갈등의 끝마당을 보는 듯한 고립 속에 여자 말할이는 내던져진 셈이다.

시인이 이러한 영화 속 주인공을 짜깁기한 까닭은 다른 데 있는 게 아니다. 그러한 절망적 상황에 대한 강도 높은 공감과 타자 폭력을 향한 강한 분노다. 사회 어느 구석에서도 참이 받아들여지지 않고, 위로 받지 못했을 때 겪게 되는 절연감과 차별적 소외감을 향해 시인은 목소리를 아끼지 않은 셈이다.

> 카페는 빨간 날 두 시에 붐빈다
> 평일 열두 시 반이 휴일 두 시라는 사실
> 관찰력이든 관심법이든 밑을 못 보니
> 저 혼자 빠지는 개펄
>
> -(줄임)-

카페는 쉬는 날이 안심입니다
누구 오지 말았으면 하고 커피를 잠급니다
시월 다 가도록 줄장미 푸르고
혼자 치는 북과 여럿이 치는 벽을
생각합니다.

－「자꾸 어딘가 누르는」 가운데서

위 시는 '카페'에서 일하고 있는 말할이를 주인공으로 내세웠다. 일터가 스스로 자신을 함몰시킨다는 생각을 하지 않을 수 없게 만드는 시간이다. 와야 할 손님이 없을 때 찾아오는 것은 거꾸로 자신을 향한 '관심법'이었다. 타자와 관계와 자기 인식의 시간은 손님이 없을 때 더욱 깊어진다. 구체적인 정황을 밑에 내려놓지 않았지만, 말할이는 "사월 다 가도록 줄장미" 푸른 가운데서 "혼자 치는 북과 여럿이 치는 벽을/생각"한다고 말한다. '혼자'의 북과 '여럿'의 '벽'으로 표현된 타자와 관계 불화, 개인과 집단의 어긋남은 카페라는 사회 공간 안에서도 '없다'는 부재의 감각에 말할이를 시달리게 만든다. '손님'이 와야 할 일터에서 "누구 오지 말았으면 하고 커피를" 잠근다는 역설적 표현이 드러내는 뜻이 그것이다.

①가을 볕살 기댄 버스 뽕짝이 데려 준 강진 갯벌
-(줄임)-"갈대 잘린 거 보이재?"
손날 세워 턱 밑
싹둑
"웃자라면 짤린대이."

                              -「웃자라면 싹둑」가운데서

②바나나 달달이 사라지자
바닥에 던진 껍질에 밟혔다
찍

-(줄임)-

강인 줄 알았는데 종지

어디 산을 감춘 그릇이 있다는데.

                               -「황강가에서 2」가운데서

  ①은 집단 조직 안에서 개인의 처신에 관한 일깨움을 담은 시줄이다. 웃자라면 잘린다는 흔하디흔한 말 속에는 평범할 수밖에 없는 예사 사람들이 삶

을 굴리는, 낯익은 보신주의 처세술이 담겼다. 모나거나 두드러지지 말라는 뜻이다. 누군가 말할이에게 '웃자란' 듯이 보인다는 말을 건네는 모습을 짐작할 수 있다. 하향 평준화의 인습 속에서 갇힐 수밖에 없는 조직에서 말할이가 맞닥뜨렸을 부조리와 노여움이 역설적으로 드러난다. '의기화풍(義氣和風)', 어려운 상황에 옴짝달싹할 수 없이 갇혀 지내는 듯한 말할이의 갑갑하고 막막했을 마음이 거꾸로 드러난다. 웃자라면 잘리는 것이 참인 듯하지만 그것은 그냥 다른 것과 비교 대상에 머물 뿐인, 오종종 키 낮은 관목에게나 걸리는 경우다. 훌쩍 큰 키 나무에게는 아예 가져다 댈 수 없을 말이다. 그러하나 나날살이 속에서 여성 주체가 비교 불가의 줏대나 자기 가치를 내세우며 살기란 참으로 어렵다.「웃자라면 싹둑」은 그러한 갈등상을 암시한다.

①과 달리 ②는 아예 그러한 사회 관계의 파탄상을 담아냈다. '바나나' '껍질'처럼 속을 '가짜에게' 다 앗기고 '바닥'에 버려진 듯한 자기 자신을 씁쓸하게 내려다보는 말할이의 자괴감을 떠올리기란 어렵지 않다. 다만 타자를 향한 판단, '강'인 줄 알았으나 '종지'라는 때늦은 탄식은 두 방향으로 향한다. 겉으로는 타자로 향하지만, 오히려 속으로는 그러한 상황

에 내던져지도록 방치했을 자신의 어리석음으로 향한다. 늦게 닿은 편지다. 그러나 뒤늦게나마 문제의 뿌리를 알게 된 당사자다. 시인이 마련해 놓은 '가짜'/'진짜', '종지'/'강'('그릇')의 대조는 결과적으로 뒤늦게나마 깨달은 자신의 미망과 지기 연민을 아우르는 장치가 된 셈이다.

타자와 겪는 불화나 그로 말미암은 상처는 사회 관계에서 누구나 겪는 일이다. 하지만 남달리 관계 인식에 예민한 이에게 그런 일은 더 강렬하게 다가왔을 수 있다. 그렇다고 그러한 격정에 마음을 내맡길 수는 없다. 좌절과 실의가 답일 수 없는 까닭이다. 그리하여 말할이는 다시 마음을 추슬러 세운다. 다시는 "가짜한테 맘을 뺏기지" 말 것을. 온전히 진짜가되기 위해 끝없이 노력할 것을 다짐한다. 자신을 격려하며 더 멀리 마음 지평을 열고자 한 셈이다. 그럼에도 그미를 향한 세상 타자들의 옆구리 찌르기, 날라 차기는 버릇처럼 이어진다.

얼마나 걸어야
얼마나 젖어야

불 끄고 공원에 차 세워 빗소리

내 못하는 일 잘도 해내는

비야 뻥 뻥

일자로 십자로

일억 일만 귀 파는 비야

씻기는 비야.

-「우수」

비는 '억수로' 오고, 세상의 차별적 시선과 폭력은 늘 몸과 마음 안팎을 잔인하게 밟고 다닌다. 그러하니 빗속에서 갖는 짧은 쉼마저 소중하다. 길 위에 선 여자, 정유미 시는 그러한 여성 주체가 놓인 상황을 곳곳에서 두더지 집처럼 올려 세운다. 가정 관계에서 말미암은 실의와 사회 관계로부터 비롯한 상실감과 격분, 겹으로, 켜켜로 거듭하는 고통의 축전을 겪으며 걸어 왔다. 우리 속의 얼마나 많은 이들이 그러한 관계 갈등과 고통의 화염을 뒤집어 쓴 채 함께하고 있는 것일까.

포식하고 싶으냐

증식하고 싶으냐

유식하고 싶으냐

미식하고 싶고
안식하고 싶고
번식하고 싶고

지식은 가식 무식은 탄식 자식은 과식

얼마나 갖고프면 장식이란 가구 다 있을까
-(줄임)-
내 식 질식
네 식 천식

얼마나 외로우면 소식이란 택배
얼마나 불안하면 폭식이란 죄의식
얼마나
얼마나.

-「다식」 가운데서

　‘식’자를 지닌 낱말 잇기 놀이를 즐겼다. 삶의 순간 순간, 세상의 관계 부조화 속에 내던져져 다투고 갈등하고 괴로운 나날살이의 불화 정도를 가쁜 언어

놀이 수준으로 바꾸어서 가로지르고자 꾀를 낸 셈이다. 그런 까닭에 앎과 배움을 뜻하는 '식'자의 그늘에서 저질러지는 갖가지 거짓과 모리, 부조리, 어처구니없는 폭력과 거짓 안정과 같은 현실을 외마디 외침처럼 짧게 화살처럼 쏘아댔다. 현실 싸움을 언어 싸움으로 기세 좋게 바꾼 셈이다. 마구잡이 낱말의 '다식'을 빌려서라도 시인은 해방감을 맘껏 누리고자 했다.

3. 시 위의 여자, 관계 표현의 전략

정유미 시는 말씨가 다채롭다. 그렇다고 사물시나 풍경시, 또는 추상적인 내면 독백시와 같은 소극적인 유형 쪽을 기웃거리지는 않는다. 거의 모두 살며 겪는 나날살이의 사건과 정황으로 말미암은 당대적 감각과 반응 경험에 무게가 놓인다. 그것을 글쓴이는 관계 인식에 초점을 두어 여성 주체가 가족과 사회 관계에서 겪는 타자적 경계와 갈등을 중심으로 읽은 셈이다. 시인은 그러한 걸음길에서 여성적 삶의 진실에 핍진하고 그것을 공감 영역으로 끌어내기 위한 표현 전략을 구사한다. 그 가운데서도 두드러진 것은 역설적이게도 창작 방법으로서 반창작적 자세와 언어 구사에서 드러나는 일탈 표현이다.

1) 창작 방법으로서 반창작적 개방

정유미 시를 읽다 보면 흥미로운 사실이 있다. 적극적으로 대중 문화적 텍스트에 대한 접촉 경험을 드러내는 일이다. 그리고 그에 대한 이해를 바탕으로 자신의 의도를 담아내는 짜깁기 방식에 주저하지 않는다. 시를 다른 예술문화 갈래와 교환되는 공간으로 받아들이거나 상호텍스트성에 대해 개방적인 태도를 보여 준다. 각별히 여자가 가정과 사회 안팎에서 겪는 관계 갈등이나 정체성 혼란을 담아내는 과정에서 이미 마련된 문화적 산물, 각별히 영화나 출판물과 같은 기성 텍스트를 즐겨 끌어들이는 것이다.

기존의 2차 문화 텍스트에서 다시 3차 텍스트로 파생시키는 이러한 방식의 시를 문화시라 할 수 있다. 앞쪽에서 영화 〈69〉에 바탕을 둔 시 「69」에서 이미 본 바다. 이러한 문화시적 방식은 무엇보다 대중문화가 지니는 넓은 공감대와 폭넓은 이해 지평을 활용해 자신의 의도나 뜻을 드러내기 쉽게 이끈다는 장점을 지닌다. 그 위에서 주체의 개별 시각이나 감각을 날카롭게 녹일 수 있는 공간이 열린다.

현재 86세

1934년 영국 켄트 출신

20살에 결혼

20년간 전업주부로 지내다가

40살에 미술 공부

75살에 데뷔

76살에 영국서 가장 핫한 신진 작가로 뽑히고 세계

3대 갤러리 데이비드 즈워너 전속작가로 등극

80살에 화가에게 주어지는 가장 영예로운 상

존 무어상을 받았다

난 처음에 난 줄 알았다니깐!

-「로즈 와일리」

②아침달 출판사가

지나는 시 한 줄 꿍꿍 파내어

떤진다

아침이 빵꾸가

아니 혹이

크나큰

이러한 달을 건네는

아침달 출판사가

지나는 머리카락 한 올 지잉

땡긴다

밤이 솟았는데

혹인가 했더니 비집는

달

　　　　　　　　　　　　　　－「아침 달」 가운데서

　로즈 와일리는 영국의 늦깎이 여자 화가다. 그미는 일찌감치 혼인해 '전업주부'로 살다가 "40살에 미술 공부"를 시작했다. '75살에' 미술사회에 나선 뒤 바로 대중의 관심을 한몸에 받는 작가로 올라섰다. 거기다 80살에는 "화가에게 주어지는" "영예로운 상"까지 받았다. 대단한 삶의 혁명이고 개척이라 할 수 있다. 정유미 시인은 1934년 출생인 그미의 '현재'를 '86세'라 썼다. 그러니 2020년, 시인이 52살 무렵일 때 작품이다. 그 시기에 로즈 와일리의 그림을 접했거나 그미 관련 기사를 읽었겠다. 그런 로즈 와일리를 두고 시인은 의뭉스럽게 말한다. "난 처음에 난 줄 알았다니깐!" 늦깎이라는 공통점 위에서 로즈 와일리의 삶을 자기 밑거름으로 삼겠다는 뜻을 뚜렷하게 밝힌 시다.

이러한 문화시적 차용은 인물 짜깁기에서 나아가 대중 영화 짜깁기로 들어선다. 영화 〈경계선〉(스웨덴, 2019)이나 〈블라인드〉(네덜란드, 2021), 또는 〈오베라는 남자〉(스웨덴, 2016)가 그들이다. 이를 빌려 정유미는 자신의 정체성 혼란과 대사회적 발언을 뒤섞는 일에 즐겨 나섰다. 대중 영화의 공공적 소비 회로 속에 자신의 개별 목소리를 담는, 동일시 체험과 투사를 넉넉하게 즐긴다. 공적 취향과 사적 감각이 한 공간에서 녹아들도록 이끄는 방식이다.

그런 점에서 ②「아침 달」 또한 성공적인 짜깁기를 보여 준다. 새벽에 읽은, "아침달 출판사"에서 낸 시집의 시들이 안겨준 즐거움을 재미있게 표현한 작품이다. 어둠 속에 떠 있는 아침 달은 큰 '혹'이거나 커다란 '구멍'이다. 그 혹에 놀라고, 구멍에 찬 '달'이라는 인식 앞에서 시인은 즐겁다. 시는 말할이에게 둥두렷이 뜬 "아침 달"이다. 시인 자신도 아침 달과 같은 둥두렷한 시를 쓰리라는 다짐이 뚜렷하다. '아침 달'이라는 출판사 이름을 빌려와 되풀이 퇴고와 손질 위로 오가면서 시작에 골몰하는 자신의 시적 열

정을 담아내고자 한 뜻을 녹여낸 셈이다.[5]

이러한 문화시적 짜깁기 전략은 남성중심적 현실 속에서 발언이 제한적인 여성 주체가 자기 정체성에 대한 규정이 어려울 경우, 쉽게 다가설 수 있는 방식이다. 현실의 벽과 경계선이 높고 단단할수록 그것을 건너서거나 가로지를 수 있을 가능성을 먼 곳이 아니라 현실 사회 안쪽에서 찾는 것이다. 말하지 못하게 하는 차별적 현실 속에서 오히려 세상이 스스로 말하게 하는 방식과 같다. 자신이 겪는 일이 개인이 아니라 우리 모두의 것이라는 이해 지평을 당당하게 열어 두는 전략이다.

중요한 점은 이러한 문화시적 방식은 전통적인 창작 방법론에서 볼 때에는 이질적인 것으로 여겨진다는 사실이다. 시쓰기가 창조적 문필 가운데 하나라 하더라도 전통적이고 전래적인 뜻의 창조적인 문필과는 거리를 둔 잡종의, 이질적인 자세처럼 보인다. 정유미는 문학의 본래적, 전통적인 관습에 대해 묶여 있기보다 그것을 넘어서는 적극성을 보인 셈이

---

5 쥬네트에 따르면, 정유미 경우는 문체를 바꾸지 않고 주제를 살리는 '모방' 방식이 아니라, 주제를 살리고 문체나 다른 상위 텍스트 요소를 바꾸는 '변형' 방식을 즐기는 모습이다. 다비드 퐁텐(이용주 옮김),『시학-문학 형식 일반론 입문』, 동문선, 2001, 137-139쪽.

다. 그리고 이러한 문화시적 전략은 자신의 시가 지 닌 여성주의적 대응과 고스란히 맞물린다. 남성중심 적 억압 현실에 던져진 여성 주체가 독자 사회와 나 눌 수 있는 소통 가능성의 확대가 그것이다. 창작 전 통으로 기대되어지는 원본성에 대한 믿음을 벗어나 면서, 보다 자유롭게 대중사회 속을 폭넓게 떠다니 면서 굳어진 남성적 정전화 관행에 금을 내고 있는 셈이다.

이러한 문화시적 방법과 함께 정유미 시에서 두드 러진 창작 방법으로 눈길을 끄는 것은 구어적 직설 이다.

①들고 온 책 노트
읽고 쓰고
마주 앉아 묻는다
-(줄임)-

별이 태양이래
태양이 별이래 아빠

응 가까우면 태양이고 멀면 별이다

-(줄임)-

우리 아빠 어디?

-「유미카페 2」가운데서

②엄마는 오복골 먼당에
진달래 엄마는 가재 참방참방
비 오고 좋구나

-(줄임)-

가신 지 일주일
우산 쓰고 일 나가는 아침에
우산 위로 듣는 비
발등에
아잇 차거.

-「삼월 삼일」가운데서

①은 시 맨 끝 토막 "우리 아빠 어디?"를 젖혀 두면 처음부터 입말 대화의 직접 인용으로 엮었다. 제목으로 보아 카페에서 딸과 아버지가 주받는 대화를 동기로 삼아 쓴 시로 보인다. 입말 대화가 맥락을 더

욱 생생하게 떠올려 준다. 이러한 극적 대화는 정유미 시에서 흔히 볼 수 있는 방식이다. ①에서는 여성 주체가 부재하는 아버지에 대한 그리움을 건드리는 데 활용했다.

②는 어머니를 "오복골 먼당"에 묻고 난 일주일 뒤, "일 나가"다 내리는 빗발에 '발등'을 적시며 새삼스럽게 어머니의 죽음에 깊이 데인 슬픔을 담아낸 작품이다. 비오고 좋다는 방백에다 "아잇 차거"라는 혼잣소리가 엄마 죽음이 갖고 온 슬픔의 무게를 더하게 만든다. 슬픔을 슬픔으로 겪지 않고 순간 다른 차원으로 전이시키는, 놀라운 감정 변화 방식을 보여 준 셈이다.

이렇듯 구어적 직설을 빌린 생생한 극적 상황 제시는 정유미 시의 발랄과 생기를 더하게 이끈다.

까고 있네!
개똥 치러 간다더니 아직 안 갔냐?
　　　　　　　　　　　　　　　　　－「백일장」 가운데서

위의 「백일장」은 욕설 가까이까지 다가선 노여움과 빈정거림을 직설하고 있다. "까고 있네"와 '개똥'이 마련해 주는, 타자를 향한 곤봉식 공격이다. 흔히 말을 가로 막거나 들볶거나, 에두르지 않고 직설하는 말법은 남성 언어의 특성이라 여겨진다. 여성 언어는 그와 달리 바로 반박하지 않고 방어적으로 반응할 것이라 기대된다. 그런데 시인은 그러한 기대와 달리 거두절미, 바로 논박으로 치달았다. 거기다 맞선 타자를 두고 '깨똥'과 같이 치워야 할 존재라는 멸시를 굳이 숨기려 하지 않았다. 여성 언어에서는 예상되거나 기대되지 않는 말씨를 자신만만하게 구사한다.

어떤 정황이 이러한 직설을 불러 온 것인지는 알 수 없다. 하지만 그것이 지닌 공격성만은 뚜렷하다. 생계 일터뿐 아니라 사회 곳곳에서, 받아들이기 어렵거나 마땅찮은 "떨떠름 씁쓰름"한 여러 상황, 폭력적 정황은 저질러진다. 그런 일을 두고 말할이의 반응은 즉각적으로 '개똥같다'는 인식으로 치달았다. 개똥밭에서 자신마저 개똥처럼 함께 뒹굴 수는 없다는 생각에서 비롯한 대응이다. 재빨리 그러한 경계선 바깥으로 발을 뺐다. "까고 있네"라는 구어적 직설이 그 일을 떠맡고 있는 셈이다. 차별적 폭력과 불화 갈등 속에서 여성 주체가 자신이 받은 상처를 타자에게 고스란히 되돌려 주는 방식이다.

문학 글쓰기는 바탕에서부터 선조적이다. 가지런

한 인과율과 처음, 가운데, 끝이라는 한결같은 구조 논리를 따르지 않을 수 없다. 문학 글쓰기 주류는 그러한 남성 어법을 훈련하고 학습하도록 부추긴다. 정유미 시의 발랄하고 저돌적인 직설은 그러한 남성 언어에 맞선다. 남성적 말씨가 지닌 굳은 논리와 외형을 깨뜨리고 손상을 입히기 위해 적극적으로 움직인다. 남성적 시선 안쪽에 머물기보다 그 바깥에서 그것을 향해 맞서거나 허물어뜨리겠다는 뜻을 아끼지 않은 전략이다. 굳이 에두르거나 머뭇거리지 않는 이러한 구어적 직설 뱉기는 다른 작품, 곧 「무릉」, 「웃자라면 싹둑」, 「소라아파트」, 「따라오지 마」와 같은, 곳곳에서 흥건하게 실천된다.

전통적인 문학 글쓰기와 다른 정유미 시의 창작 방법은 앞에서 살핀 바와 같이 문화시적 버릇과 구어적 직설에서 뚜렷하다. 문화시적 방식을 빌려 보다 넓은 대중 독자사회와 넘나들 수 있을 여지를 크게 키울 수 있었다. 구어적 직설을 빌려 전통적이고 정통적인 문학이 강요하는 논리적이고 수사적인 남성적 글쓰기를 빗겨가는 즐거움을 끌어 들인다. 중요한 점은 이러한 창작 방법은 단순히 정유미 시의 다채로움을 보여 주는 데 그치지 않는다는 점에 있다.

서로 다른 것처럼 보이는 문화시적 방식과 구어적

직설은 전통적인 창작적 관습에서는 그 경계 너머나 그 바깥의 것으로 여겨진다는 점에서 공통적이다. 거기다 이러한 두 면모는 거꾸로 남성적 창작적 관행과 버릇에 대한 대응적 의미를 갖는다. 때로는 이단과 이질적인 요소가 갖는 해체의 의도와 건강함이 그것이다. 정유미의 문화시적 포용과 안정된 문학적 수사를 가로지르려는 직설의 드높은 목소리는 여성 주체의 주체적 자기 개방과 대응 노력의 산물인 셈이다. 그런 점에서 창작 방법에서부터 정유미 시는 이미 즐거운 이율배반을 감당하고 있다.

2) 시어 일탈과 유사언어적 효과

창작 방법론과 달리 시어 수준에서 정유미가 보여주는 표현 전략은 언어적 일탈이다. 규범 문법이나 일상 화법에서 벗어난 개방적인 시어 활용이 그것이다. 거기에는 눈으로 읽는 글말에서는 담아내기 힘든 입말의 소리결까지 끌어 들이고자 하는, 유사언어(palalanguage)적인 국면까지 아우른다. 미묘하고도 섬세한 감정 표출과 강한 울림을 위한 정유미 식의 싱싱한 언어 실천이다.

눈발 콧등 치는 금요일

해는 져서 어두워

막걸리 몇 포기 치댔지

없던 하늘 눈 내리고

–(줄임)–

젓가락 죽죽 찢어

슬퍼서 웃을게요

웃어서 울게요

밤 깊도록

함박함박.

–「다정」 가운데서

눈 내리는 겨울 밤, 늦게까지 겪은 친교나 개인적인 격정의 시간 경험을 담았다. 그러한 격정을 불러오게 한 원인이나 사건의 경과는 드러나지 않는다. 다만 그것이 품어 안은 자장이 매우 큰 것임을 알 수 있다. 그 점은 두 월 표현, 곧 '막걸리 몇 포기 치대다'에 얹은, 비유적 음주 행위 반복과 '슬퍼서 웃고, 웃어서 울다'라는 역설적인 맥락이 암시한다. 말할이가 겪었던 정황은 매우 심각한 수준이었다.

흥미로운 점은 이러한 시의 맥락을 앞과 뒤에서 끌어 잡는 거멀못 역할을 하는 시어가 짓본뜬말 '함박함박'이라는 사실이다. 시의 시공간적 바탕을 마련하며 내리는 '(함박)눈'에서 비롯한 말이다. 함박눈에서 '함박'을 떼어 내 '함박함박'이라는 짓본뜬말로 되쳤다. 이름씨에서 어찌씨로 비약시킨 일탈이다. 이러한 품사 전환은 앞자리에 올린 '눈'과 뒤쪽의 '함박'을 서로 뚝 떨어뜨려 놓음으로써 효과를 더욱 키웠다. 적지 않은 시간의 경과를 따라 격정이 더욱 깊어졌을 것이라는 밤 정황을 뒷받침하도록 만들었다.

다시 말해 함박눈의 '함박'을 짓본뜬말로 비약시킨 언어적 일탈은 말할이가 놓인 여성적 일상, 곧 배추 치대기를 술 마시기 비유로 끌어안은 채, 갈등의 깊은 데까지 닿는 적극적인 내면 표현으로 되돌려 놓은 셈이다. 슬퍼서 웃고 웃어서 울 거라는 시인의 역설이 밤 깊도록 '함박함박' 이어지는 동안, 여성 주체의 삶과 마음은 어떤 위로를 받았음에 틀림없다. 작은 본보기지만 시인 정유미가 언어적 일탈을 얼마나 섬세하게 쓰고 있는가를 보여 주는 경우다. 이와 비슷한 쓰기 전략은 아래 시에서도 볼 수 있다.

삐거럭 삐거럭
하루도 평평하면 안 되지
덜거럭 덜거럭
하루도 얌전하면 안 되지

삐거럭 삐거럭 맞춰보자
덜거럭 덜거럭 섞어보자

어디고?
걱정돼!

그만해라?
미안해!

-(줄임)-

못 찾겠다 찾았다
쏙 들어갔다 쑥 나왔다.

-「숨박꼭집」가운데서

「숨박꼭집」은 시어 일탈이 유사언어적 상태를 즐기는 수준으로까지 나아간 모습을 보여 준다. 먼저 제목에서부터 '숨바꼭질'을 '숨바꼭집'으로 되쳐 놓았다. '꼭 집어' 화합할 수 없는 관계 상황을 '숨바꼭집'으로 표현한 것이다. 일상 속의 차단 상황을 표현하기 위한 파격이다. 그런 위에다 얌전함/얌전하지 않음, 평평함/평평하지 않음이라는 관계 불화와 긴장을 두고 '맞춰보'고 '섞어보'고자 하는 말할이의 노력과 그 좌절 과정을 입말의 직접 인용으로 담았다.

이어서 그러한 관계 갈등과 회복을 향한 어려움을 시인은 "삐거럭 삐거럭"과 "덜거럭 덜거럭"이라는 두 신조어로 드러냈다. '삐거덕'과 '덜커덕'이라는 두 낱말을 하나로 묶어 '삐거럭', '덜거럭'이라는 새 낱말로 나아간 것이다. 삐거덕삐거덕과 덜커덕덜커덕이라는 두 글말이 지닌 일상적 외연으로는 담아내기 어렵다고 생각한, 관계 불화를 표현하기 위해 새 말맛 창안에 기꺼이 나섰다. "하루도 평평"하지 않고 덜커덕거리는 관계, 섞으려 해도 맞춰 보려 해도 탁구공처럼 튀는, 또는 불꽃처럼 번지는, 관계 불화와 조정의 어려움이 그것이다, 그런 과정을 해결될 듯 해결되지 않고 거듭하는 숨바꼭질의 술래 잡기놀이처럼 '꼬집어' 드러낸 작품이 「숨박꼭집」이다.

흥미로운 점은 이러한 일탈 표현을 빌려 정유미가 닿고자 하는 자리다. 선조적이고도 굳어진 남성적 기획이나 합리성을 앞세운 일상적 각본을 허물어뜨리고 강요하는 거짓 화해의 자리에 강하게 맞서겠다는 뜻이 그것이다. 거짓 화해나 일방적 화해, 위선적인 단합을 강요하는 현실에 쉽게 투항하거나 꿇지 않겠다는 다짐이 도사린다. 적극적으로 여성적인 삶의 부조화를 담기 위한 전략적 방략으로 쓸모가 뚜렷한 글쓰기다. 글말투의 규범 언어, 분명하고도 규칙적인 남성 언어, 확신에 찬 언어들에서 비켜서서 그것들이 알아듣거나 느끼기 힘든 유사언어적 효과를 숨기지 않았다. 불편한 현실, 사회적 관계 부조화나 불안정에 대해 규범 언어에서 벗어난, 불편한 언어로 맞닥뜨리고자 하는 전략적 꾀다. 이러한 일탈 표현이 한 발 더 나아간 보기를 들어보자.

①꿈이 대서빵입니까?
이름 밑에 끼어든 목소리, 겹친 목젖에는 파릇파릇이 없습니다
군침 새침이 없습니다
　　　　　　　　　　　　　　-「자꾸 어딘가 누르는」 가운데서

③누군 사랑해서 보낼 수 없었다는데
나는 사랑해서 얼른 보냈다
서두르면 뒤끝에 눈꼽이 낀다
자주 우두커니 된다
　　　　　　　　　　　　　　-「홍매 숲에서」 가운데서

①에서는 "꿈이 대서빵"인가라고 묻는 일을 빌려 대신 쓰기를 맡는 '대서' 행위와 부풀어 오른 '빵'의 맵시를 한가지로 통합시키는 재미를 보여 준다. 꿈조차도 찍어내듯이 살아가는 현실을 향한 강한 반발심을 담았다. 그런 위에다 '파릇파릇'이 없고, "군침새침"이 없다고 썼다. 어찌씨 파릇파릇을 이름씨로 바꾼 것이다. 거기다 '군침'을 이어 받아 다시 '새침하다'는 그림씨를 이름씨로 바꾸어 썼다. 이러한 품사 전환은 시의 가락에 묘한 불균형을 끌어다 놓는다. 그렇지만 불편한 삶의 상태를 드러내기 위한 곳에서는 더할 나위없는 꾀다.

이러한 품사 전환으로 말미암은 파격이 ②에서는 "자주 우두커니 된다"는 시줄에서 거듭한다. 어찌씨 '우두커니'를 이름씨로 씀으로써, 정신없거나 얼빠진 듯이 서 있는 마음의 상태를 돋보이게 만들었다. 말할이의 정황이나 맥락 표현에서 그것을 속속들이 드러내지 않더라도 읽는이에게 효과적으로 직핍하게 만드는 감각적 전이를 이룬 셈이다. 이러한 소규모 일탈은 시의 곳곳에서 작은 폭발처럼 피어나고 있는 셈이다.

그런데 아래의 「쉼 없는 계절」에서는 그러한 일탈 표현이 낱말 수준에 그치지 않고 텍스트 수준으로

한 발 더 나아간다.

> 개나리가 피어
> 십이월에 노릿하게 웃어
> 어찌 왔니 물으니 봄
> 아닌데 봄, 어서 집에 가
> 손 흔들어주고 돌아서는
> 진달래 생각이
> 조차 피지 말란 법은
> 모르는 데서 가쁜 숨 하아
> 게워내고 있을
> 나두 개나리.
>
> -「쉼 없는 계절」

　철 아닌 12월에 핀 개나리와 진달래 사이에 있음직한 대화를 직접 인용 형식으로 그려 담은 작품이다. 개나리에게 왜 이렇듯 봄 아닌 12월에 '왔나'라 묻고 어서 돌아가라고 "손 흔들어 주고" 가는 진달래가 있다. 그러한 "진달래 생각"을 두고 개나리의 답변이 이어진다. 봄이 아니라도 겨울에서 '조차' 필 수 있는 게 아닌가라는 되받음이다. 이어 그러한 개나리의 상황은 고스란히 시인 자신의 자리로 옮겨간다. 세상 "모르는 데서 가쁜 숨" 게워내고 있는 처지는 '개나리'나 자기나 한가지라는 인식이 그것이다. 봄 여름 가을 겨울 '쉼 없는 계절'의 연속과 현실 한가운데 놓인 자신의 숨 가쁜 삶의 연속성이 한결같다는 서글픈 자기 동일성 인식을 숨기지 않았다.

정유미 시의 일탈 표현은 입말의 탄력성 있는 가락에 도움을 받으면서 품사 전환이나 유사언어적 말맛까지 빌려 글말이 뒷받침할 수 없는 생생한 감정 변이, 맥락 전개를 담아내는 데 이바지한다. 다만 그미의 일탈은 그 정도가 해사적(解辭的)이라 할 만한 파격으로는 나아가지 않는다. 텍스트 수준에서 큰 변형을 불러오는 경우는 드문 까닭이다. 있는 듯 없는 듯 자연스럽게 텍스트 안쪽에 녹이거나 슬쩍슬쩍 전경화한다. 함께 누리는 시를 겨냥할 수밖에 없는 문학 관습 인자가 시인이다. 너나없이 어쩔 수 없는 일인지 모른다. 다만 그런 과정에서 '슬퍼서' 웃고 '웃어서' 울 거(「다정」)라고 말하는 시인의 속 깊은 아픔은 어느 정도 개방되고 위안을 받았으리라. 그런 점에서 정유미 시의 일탈 표현은 밤 깊도록 '함밤함박' 알게 모르게 내려 쌓이는 함박눈과 다르지 않다. 읽는이들 또한 천천히 시집 전체를 거닐다 어느새 환한 치유의 즐거움에 빠져든다.

살핀 바와 같이 정유미 시의 적극적인 입말 구사는 망설임이나 자신감이 결여된, 또는 자기 비하에 익숙한 듯한 장식적인 여성적 목소리와 또 달리 직설적으로 맞받아치거나 언어적 공격, 또한 문법적 비틀기를 즐겨 저지른다. 다만 그러한 일탈 표현을 극단으로 몰아가지 않음으로써 읽는이들에게 곱씹을 여유를 주거나 상상적 후퇴를 가능하게 만들어 준다는 점에서 균형 감각을 엿볼 수 있다. 여성 주체가 사회 안팎에서 겪는 거의 모든 경험, 곧 성공과 실패, 칭찬과 멸시, 행복과 불행, 개인적 경험과 사회적 경험 사이의 갈등과 소외 현실을 보다 폭넓게 싸안고 울림을 마련하고자 하는 배려가 녹아들어 있는 셈이다.

　　　질리지 않는 치아바타
　　　씹을수록 고소한 빵
　　　한 번 꽂히면 잊지 못한다는
　　　평생을 파먹을 파니니

　　　팔지 않을 시를 써야지
　　　팔려 가지 않을 시를 쓸 거야
　　　수리수리

알라딘.

-「알라딘 문고」 가운데서

정유미 시인은 씹을수록 고소한 시를 쓸 것인가. 평생을 기억하고 거듭 되새길 만한 시를 낳을 것인가. 정유미에게 시는 일찍부터 들어차 있었다. 그미가 대학을 국문학과로 간 것만 보아도 알 수 있는 일이다. 앞으로 정유미의 정유미다움은 여자의 삶을 담은 속살에서보다 그것을 표현해 내는, 시 위를 걷는 모습에서 더 두드러질지 모른다. 시인은 "서른하고 마흔" 나이를 "방바닥 지고 도는 시계"(「그려라 목요일」) 같이 흐릿흐릿 떠돌았다. 그리고 이제 오십 대도 건너서 육십 대를 내다본다. 그미 걸음길은 어디로 '수리수리' 시를 데려갈 것인가. 누구도 밟지 못한 시의 길 위를 타다닥 타다닥 뒷심 좋게 달려 갈 정유미다.

4. 합천 지역시의 앞날

정유미 시는 개성적인 여성적 경험 가치와 그것을 되살려내는 다양한 표현 가치라는 두 가지 가치 정

향이 어울려 맥놀이 치는, 폭 넓은 울림을 겨냥한다. 그러면서도 단순 사물시나 풍경시와 같은 소극적인 관습 지향적인 자리를 넘보지 않았다. 무엇보다 시는 "짱뚱어처럼 뛰어오르는" 생물이어야 한다는 듯이 톡톡 쏘며 생기발랄하다.

　이력으로 볼 때 정유미의 시문학 입문은 1996년 무렵이다. 30대로 올라서기 앞선 때 일이니 빠르다. 그 뒤로 어느덧 30년을 넘기는 여정을 그미는 건너왔다. 시를 살기보다 시 위에 그냥 걸터앉아 있었던 나날이었다고 말할 수 있을까. 딸로서, 여자로서, 아내며, 어머니로서 바빴고 고단함이 겹으로 장막을 쳤을 것이 뻔하다. 그리고 이제 첫 시집. 어찌 몇 개 줄기로 정유미 시를 가늠할 수 있을 것인가. 그럼에도 글쓴이는 첫 시집이 지닌 여러 자장을 가족과 사회 단위의 관계 갈등으로 단순화해서 읽고자 했다.

　그런 안쪽에서 볼 수 있는, 딸과 여자로서 겪는 수직적 관계 부조화와 불화, 그로 말미암은 실의와 분노라는 격정이 압도적으로 느껴졌던 까닭이다. 그리고 그를 가로지르기 위한 글쓰기 전략으로서 창작 방법론에서 드러나는 비창작적인 역설과 시어에서 드러나는 일탈 언어라는 개방적인 방식에 눈길을 주었다. 그러한 정유미의 시적 대응은 거짓 화해와 봉

합, 안정을 강요하는 수직 사회 관계망 속에서 여성 주체가 취할 수 있는 나름의 자기 방어와 해방의 노력을 확인시켜 준다.

앞으로 시인 정유미는 무엇을 어떻게 펼쳐낼까. 몸담기는 쉬우나 골몰하기는 어렵고, 골몰하나 지속하기는 더 어렵고, 지속하나 이루기는 참으로 어려운 일이 문학 아닌가. 그렇게 보자면 문학과 첫 만남 경위가 어떻든 시인 정유미는 이제 출발점을 막떠난 격이다. 앞날을 쉬 짐작하기란 어렵다. 다만 한가지는 달라짐이 없을 것이다. 적어도 더 나은 시인이 되기 위한 고투를 아끼지 않으리라는 사실이 그것이다.

흘러 강물은 굽이진 곳에서 에두른다. 얕은 자리에서는 활개 벋어 잠시 머문다. 낙차 큰 곳에서는 우랑우랑 속 깊은 목청을 펼친다. 강은 높은 데서 낮은 데로 흐르며 자연과 인공의 모든 것을 넉넉하게 받고 담아주는 어머니와 닮았다. 정유미는 그러한 강 가운데서도 아름답고 넉넉한 합천 황강의 모성이 키우고 가꾼 시인이다. 첫 시집 『해로운 건 눈물로 씻었다』는 드넓은 남녘 바다로 줄기줄기 유장할, 그 흐름의 첫 기슭을 펼쳐 보인 격이다.

앞으로 정유미 시는 자신의 뜻과는 관계없이 합천

지역시의 새 출발이면서 당대 여성시의 독특한 개성으로 흘러넘칠 마중물 몫을 감당할 것이다. 그와 맞물려 합천 역내 시는 긴 세월, 정유미에서 멀찍이 못 미치는 시와 넘어서려 애쓰는 시, 마냥 주저앉아 시 같은 말풍선을 임내 내는 시, 시를 사는 시와 시인인 척하기 위한 시들이 잡다한 그림을 엮을 것이다. 푯대 시인으로서 정유미의 책무가 거듭 더할 밖에 없는 까닭이다.

글쓴이 또한 황강에 태를 묻은 이 가운데 한 사람이다. 누구보다 정유미 시의 여성주의가 드높이 폭발할 날을 기다린다. 우리 둘레에는 있는 듯 없는 듯 자신의 삶을 한 혁명 수준으로 솟구쳐 올린 여러 사람이 산다. 세상이 모를 따름이다. 경우는 다르지만 정유미의 목소리에 따르면 적지 않은 '로즈 와일리'들이다. 그미 또한 그들에 뒤서지 않을 것이다. 비록 "기댈 거" 없이 보이지만 그래도 가장 믿음직스러운 자리가 세월이고 그에 빚지지 않기 위한 고투다.

아, "몰라 몰라 요놈 시"(「우리 나비, 인자 다 울었나?」). 틈틈이 투정도 아끼지 않으면서 정유미 시인이 더욱 아프고 마냥 거세차기를 바라마지 않는다.

　　　양말 없이 발 없이

세월 기댈 거 못 된다
흘러간다 잊힌다.

—「황강가에서 1」